JOSÉ CARLOS CARMONA

Schmeckt nach Schokolade

Sabor a chocolate

Aus dem Spanischen von
Vasili Bachtsevanidis & Sandra Fuertes Romero

MAIBOOK

Die Originalausgabe erschien 2008
unter dem Titel *Sabor a chocolate*
bei Punto de Lectura, S.L., Madrid (Spanien)

1. Auflage
Taschenbuchausgabe Januar 2011
Verlag: Maibook, Krefeld

Copyright © der Originalausgabe 2008
by Punto de Lectura, S.L., Madrid

Copyright © der deutschsprachigen Ausgabe 2011
by Maibook, Krefeld

Alle Rechte vorbehalten

Umschlaggestaltung und Satz:
Laurenz Bick

Druck und Bindung:
CPI – Clausen & Bosse, Leck
Printed in Germany

ISBN: 978-3-9814226-0-3

www.maibook.de

An alle Generationen, die vor uns gelebt haben und die es mit ihrer Arbeit und Mühe geschafft haben, dass wir existieren konnten.

Danksagung:
An alle, die in diesem Werk erwähnt werden.

„Alles Spielen ist ein Gespielt-werden."

„Das göttliche Geheimnis des Lebens
ist seine Schlichtheit."

Hans-Georg Gadamer
Wahrheit und Methode. 1960

3

Eleanor Trap erkannte schnell, dass die Schweiz trotz ihres Misstrauens das schönste Land der Welt war.

Es war 1963. Herbst 1963. Martin Luther King hatte gerade der Welt verkündet: „I have a dream!"

Eleanor Trap war 23 Jahre alt.

4

Adrian Troadec zeigte Eleanor die kleine Schokoladenfabrik, wo sie arbeiten sollte.

Das Lächeln von Onkel Adrian erstrahlte zum ersten Mal unter seinem Schnurrbart, als er ihr die kleine Schokoladenfabrik präsentierte.

Adrian Troadec war Witwer ohne Kinder.

Eleanor wusste, dass diese Fabrik ihr gehören würde.

Mit der Befugnis, die dadurch gegeben war, dass sie mit Sicherheit wusste, eines Tages die Besitzerin von all dem zu sein, was sie vor Augen hatte, tauchte sie ihren Finger in die Schokolade ein und probierte sie. Sie fand sie herb und bitter.

– Da muss mehr Zucker rein! – entschied Eleanor.

Adrian Troadec sagte nichts. In diesem Moment erkannte er, dass seine Pensionierung gerade begonnen hatte. Er schaute Eleanor an, er betrachtete ihre Stärke und Entschlossenheit und da überwältigte ihn die Nostalgie und es überströmte ihn die lebendige Erinnerung an seine Frau, Alma.

5

Alma Trapolyi spielte Violoncello im kleinen Schulorchester. Es war 1922, die Faschisten marschierten Richtung Rom. Alma Trapolyi war 16 Jahre alt. Adrian Troadec bemerkte, dass sie sich von all den anderen abhob.

Für ihn hob sie sich von all den anderen ab.

Jedoch brauchte es Jahre, bis er sie kennenlernte. Von da an tauchte er auf allen Schulkonzerten auf und später, als sie ihr Studium abgeschlossen hatte, suchte er sie in den anderen kleinen Orchestern der Stadt, bis er sie im Orchester des Konservatoriums fand. Adrian Troadec war damals nur ein großer und schlaksiger Grünschnabel, der von Tür zu Tür Milch verkaufte und immer nach Kühen roch.

6

Der junge Adrian Troadec versuchte alles, um sie kennen zu lernen.

Der junge Adrian Troadec war sehr durchdacht und gewissenhaft und er arbeitete seine Pläne immer langfristig aus. Um sie also kennen zu lernen, versuchte er, in einer Musikschule auch Violoncello zu lernen, aber die Lehrer rieten ihm wegen seiner Größe dazu, Kontrabass zu spielen. Nach nur ein paar Monaten sagte ihm der Musiklehrer, dass er es lassen sollte, dass sich sein Gehör nicht gut mit der temperierten Stimmung vertragen würde.

Nach der Trostlosigkeit dieses ersten Versuchs, bemühte er sich eine Arbeit als Laufbursche im Konservatorium zu bekommen, eine Arbeit – dachte er – die ihm die Möglichkeit verschaffen würde, auf der Bühne und in den Orchesterproben seine Runden zu drehen. Aber nie gab es eine Stelle, weder für ihn, noch für jemand Anderen.

Eines Tages, als er Milch austrug, erkannte er den Dirigenten des Konservatoriums und von diesem Tag an versuchte er ein Gespräch mit ihm zu beginnen, aber ohne zu wissen, warum er es nie schaffte, mehr als vier Worte mit dem Meister zu wechseln.

Eines Morgens, als der Dirigent nicht da war, konnte er sogar bis in die Küche hineindringen. Als er an der Salontür des großen Hauses vorbeiging, sah er ein Schachbrett mit einer begonnenen Partie.

– Ich werde Schachspielen lernen – sagte er sich.

Der junge Adrian Troadec kam durch die Liebe zum Schach. Die Sehnsucht nach Liebe war sein erster Meister.

7

Sein zweiter Schachmeister war Alexander Alekhine, Gewinner der ersten sowjetischen Meisterschaft von 1920 und frisch in Lausanne angekommen.

Alexander Alekhine bereitete im Frieden der ruhigen Schweiz die Weltmeisterschaft vor und unterrichtete auf Kosten des Kantons Waadt, der ihn in Hoffnung auf spätere Verdienste unterstützte.

Alexander Alekhine ahnte eine verborgene Kraft im Blick des jungen Adrian Troadec und er bereitete ihn in den folgenden drei Jahren geduldig und eingehend, fast bis hin zur Erschöpfung, vor. Bis er es schaffte, ihn zum Schweizer Meister zu machen.

Später, würde Alexander Alekhine die Schweiz verlassen, um 1927 die Weltmeisterschaft zu gewinnen, einen Titel, den er bis 1935 hielt und den er zwei Jahre später wiedererlangte und bis zu seinem Tod 1946 behielt.

Alexander Alekhine – würde Adrian Troadec später sagen – zwang ihn, ein Damengambit zu spielen. Er opferte drei Jahre seines Lebens, um einen Mann kennen zu lernen, der ihm vielleicht die Tore öffnen könnte, um eine Frau kennen zu lernen, die vielleicht an ihm interessiert sein könnte.

Und der Spielzug gelang ihm: er lernte nicht nur den Dirigenten kennen und wurde sein bester Spielgegner, es ergab sich auch, dass Alma Trapolyi seine Tochter war, und weil er die nationale Schachmeisterschaft gewann, konnte er seine Arbeit als

Austräger lassen und aufhören, nach Kühen zu riechen.

8

Jedoch war es nicht einfach Alma Trapolyi zu erobern.

Alma Trapolyi spielte zu jeder Stunde ihr Violoncello, las französische Liebesromane und liebte ihren Vater, Lajos, auch ungarischer Herkunft, der zehn Jahre zuvor nach einer erfolgreichen Tournee mit dem Orchester der Provinz Pècs eingeladen worden war, als Dirigent des Konservatoriums zu bleiben. Alma Trapolyi liebte ihren Vater, Lajos, und hasste ihren kleinen Bruder, György. Ihre Mutter war vor Jahren gestorben.

Und Alma Trapolyi irritierte es, dass ein junger Milchmann, der nach Kühen roch, Tag für Tag ihren fantastischen Vater in etwas schlug, in dem er bis dahin unschlagbar gewesen war.

Lajos Trapolyi sagte dennoch nur Gutes über den jungen Adrian. Er lobte öffentlich seine Intelligenz, sein Bestreben, seinen Willen, seine Geschichte als Rebell in Ungarn und seine leidenschaftliche Vorliebe für Musik. Je besser er über ihn sprach, desto mehr hasste ihn Alma.

– In jede Partie – sagte Meister Lajos –, steckt Adrian eine Energie, ein Begehren, das über das Natürliche hinausgeht, als ob eine verborgene Kraft ihn zum Gewinnen drängt.

9

Adrian begann seine endgültige Strategie auszuarbeiten. Dafür musste er seinen Gegner, seine Spielart kennen, seine Schwächen wahrnehmen. Und er fing an, sie zu verfolgen, sich mit ihren Freunden anzufreunden, sich lange mit ihrem Vater über sie zu unterhalten und sie ständig zu beobachten.

Nach ein paar Monaten wusste er bis zur Perfektion, dass sie eine gewissenhafte, fleißige und strenge Frau von großer mentalen und spirituellen Stabilität war, die niemals und durch nichts aus dem Gleichgewicht geriet.

Nachdem Adrian Troadec zwei Monate lang diesen Gegner analysiert und die Partie vorbereitet hatte, wusste er nicht, wie er sie gewinnen sollte.

Und wenn er auch noch so sehr versuchte mit ihr spazieren zu gehen, mit ihr zu sprechen oder sie an den Sommernachmittagen nach den Proben zu begleiten, verschloss sie sich in ihrer herrlichen Einsamkeit der Musik und der Lektüre, ohne das Bedürfnis nach jemand Anderem.

Ihr Gleichgewicht und ihre Stabilität waren immer vollkommen. Nur nach den Konzerten bemerkte er in ihr eine gewisse Unruhe, die sie noch mehr in ihren Panzer zwang und sie antrieb, beladen mit ihrem eingehüllten Violoncello auf dem Rücken eiligen Schrittes nach Hause zu laufen.

Auf diesem Weg war sie es gewohnt, eine Abzweigung durch eine Gasse zu nehmen, um bei einer kleinen Bäckerei zu halten, wo sie immer ein kleines süßes Brötchen kaufte und es aß.

10

Adrian Troadec musste zum ersten Mal seinen nationalen Titel im Schach in der Stadt Genf verteidigen. Es war das Jahr 1927 und Adrian Troadec war 23 Jahre alt. Sein Meister, Alexander Alekhine, war aus Paris angereist, um der Meisterschaft beizuwohnen.

Für Adrian war es eine etwas beschwerliche Reise. Er fühlte sich erschöpft und mutlos, wegen des langen Weges, den er in seiner Partie gegen Alma Trapolyi zurückgelegt hatte und bei der er kurz davor war, sie Remis enden zu lassen.

Adrian Troadec gewann ganz ohne Schwierigkeiten die ersten Partien, die ihm wie eine Formalität erschienen. Und die letzte musste er erneut gegen seinen Gegenspieler des vorigen Jahres spielen, Honoré Louhans, dem er den Titel entrissen hatte.

Adrian Troadec fielen die schwarzen Figuren zu. Am Anfang der Partie kämpften sie in der Mitte des Spielbretts mit ihren Bauern. Der weiße Läufer kam heraus, um ihn anzugreifen. Nach einigen Manövern musste die schwarze Dame zur Verteidigung ins Zentrum des Gefechts ausrücken, obwohl sie sich gezwungen sah, als sie umzingelt wurde, zurückzuweichen. Die folgenden Geplänkel führten diesmal die weiße Dame ins Zentrum, um einen letzten Bauern zu verteidigen. Der Auszug eines weiteren schwarzen Bauern brachte das Zentrum aus dem Gleichgewicht und rief ein ungeheures Massaker auf einem einzigen Feld hervor, auf dem Feld D5: der schwarze Bauer schlug den weißen

Bauern, der Siegreiche wurde vom weißen Springer geschlagen, diesen riss dann der schwarze Springer nieder, aber die weiße Dame setzte ihm ein Ende, dann rächte ihn die schwarze Dame und letztendlich vernichtete der weiße Turm die schwarze Dame.

11

Adrian Troadec betrachtete das Massaker, das innerhalb weniger Minuten ein halb leeres Schachbrett hinterlassen hatte, und erschrak über das Leben.

– So spielt das Leben auch manchmal – sagte er sich.

Jahre später würde er sich an genau dieses Spiel erinnern, als er seine Kameraden bei einem Militärangriff der Nazis in der Kaserne in Kreuzlingen an der Grenze zu Deutschland, in der Nähe des Bodensees, sterben sah.

Bei der Anstrengung sich auf die Partie zu konzentrieren, führte er eine Zählung durch, die ihm eine Situation der Kontrolle über das Spielzentrum erlaubte; mit zwei seiner Bauern, die durch seine Läufer gedeckt wurden.

Obwohl er durch das Ergebnis dieses Kampfes ein wenig munterer wurde, lauerte ihm die Müdigkeit auf und für einen Moment bekam er Angst.

Adrian Troadec hatte Angst davor, zu verlieren und davor, dass seine soziale Stellung sich beim Verlieren ändern könnte, und er sich in einer Spirale von Katastrophen verwickelt sähe, die ihn von Alma Trapolyi entfernen würden.

Adrian Troadec bewegte einen seitlichen Bauern in die Flanke der Dame, der so einen weißen Bauern blockierte und ihn zu einer Schwäche seines Gegenspielers machte. Jedoch nach einer Verteidigung mit einem Zug der Türme beging Adrian Troadec einen Fehler, als er den weißen Bauern freigab und seinen Bauern mit einer gewissen Hast und Gedankenlosigkeit von der zweiten Linie nahm und somit die Kontrolle über diese Flanke und die Übermacht im Zentrum verlor.

Als er seinen Fehler bemerkte, bat er um eine Auszeit von zehn Minuten, worauf er ein Recht hatte.

12

Alexander Alekhine folgte der Partie.

Alexander Alekhine war sich des technischen Fehlers bewusst, aber, weiter noch, war ihm bewusst, dass genau dieser Tag der erste Tag war, an dem Adrian Troadec zum ersten Mal, seitdem er ihn kannte, kein Feuer in seinem Blick hatte.

Und da realisierte Alexander Alekhine, dass dieses Feuer, das er immer in den Augen seines Schülers gesehen hatte, Liebe war.

Und da verstand Alexander Alekhine alles und wusste, dass er jene Partie verlieren würde.

Trotzdem näherte sich der große Meister Alexander Alekhine, der während der Pausen nicht mit ihm sprechen durfte, unter aufmerksamen Blick des Schiedsrichters seinem Schüler und er öffnete seine Tasche, nahm ein kleines würfelförmiges Objekt heraus, in Fettpapier eingewickelt, und genauso wie er es in den Pausen seiner großen Partien auch machte, bot er es ihm zum Essen an. Adrian Troadec erkannte sofort, dass es sich dabei um ein *bonbon au chocolat* handelte, ein Schokoladenkonfekt, das man nur in Genf oder Paris bekam. Er packte es aus und, ohne etwas zu verstehen, aber mit blindem Vertrauen in seinem Lehrer, aß er es auf.

Es war das Jahr 1927 und Adrian Troadec war 23 Jahre alt. Es war damals, als er zum ersten Mal in seinem Leben den Geschmack von Schokolade probierte.

13

Die Schwarzen hatten an Bedeutung verloren, weil ein Turm von größerem Wert gegen eine Figur von geringerem ausgetauscht wurde: einen Bauern. Jedoch hatten die zwei Bauern und die zwei Läufer, die immer noch in der Brettmitte waren, ein beachtliches Gegenspiel.

Nach vielen Zügen in einer Phase, die sich ein wenig langweilig gestaltete, begann Adrian Troadec sich lebendiger zu fühlen.

Und da, als er sich jenes Spielbrett anschaute und spürte, wie sein Körper erwachte, da verstand er, wie er die unerreichbare Alma Trapolyi erobern konnte.

Adrian Troadec verstand, dass Alma Trapolyi nach den Konzerten lief, weil sie nach den körperlichen Anstrengungen und der entfalteten Spannung währenddessen, etwas Süßes zu sich nehmen musste.

Adrian Troadec wusste es dann: er würde sie mit süßer Schokolade erobern.

14

Nach einigen Wartezügen beider Könige brach Adrian Troadec mit der Ruhe des Spiels, als er einen Bauern nahm, der durch einen Springer gedeckt wurde.

Die Verwunderung beim Anblick dieses riskanten und mutigen Zugs; ein Zug, der ihn jetzt zwang, den angreifenden Bauern durch den Springer, mit dem er ihn deckte, einzunehmen, erschrak Honoré Louhans auf eine Art, als beide Gegenspieler erschöpft sein mussten, dass er entschied, seinen Springer in die Flanke des Königs fliehen zu lassen und somit die Partie aus dem Gleichgewicht zu bringen.

Adrian Troadec rückte dann seinen schwarzen Bauern bis zum vorletzten Feld vor und öffnete ihm Tür und Tor, die Krone der Dame einzunehmen, und erzwang somit, dass beide weißen Türme dort still verharrten, um diesen gefährlichen Zug zu decken und so ließen sie die Schwarzen in einer höchst vorteilhaften Lage dastehen.

Nach diesem Spielzug dachte Honoré Louhans ein gute Weile nach, bis er ihm die Hand anbot und ihm sagte:

– Du hast wieder gewonnen, Adrian.

15

Adrian Troadec kehrte nach Lausanne zurück, bereit am Ausgang der Konzerthalle mit einer Tüte Pralinen auf sie zu warten. Aber als er sie suchte, entdeckte er, dass niemand in der ganzen Stadt sie verkaufte.

Als er sich mit dieser Tatsache abgefunden hatte, kaufte Adrian Troadec süße Brötchen und ging zum Ausgang der Konzerthalle, um auf sie zu warten.

Als Alma Trapolyi durch die Hintertür des Saals aus dem Konzert kam, sah sie ihn unter einem sanften Nieselregen von feinem Schnee gegen eine Wand angelehnt mit einem kleinen Päckchen in der Hand. Alma Trapolyi fand mehr als jemals zuvor, dass Adrian Troadec wie ein trauriges längliches Gespenst aussah, ungelenk und ausgeblichen.

Nichtsdestotrotz lief Adrian Troadec, der ihre Gedanken nicht lesen konnte, lächerlich mit seinen Streichholzstelzen hüpfend in ihre Richtung, plätscherte dabei über die schmutzige Schneeschicht, holte das ganze Lächeln, zu dem er fähig war, hervor und stellte ein in feinem Papier eingewickeltes Päckchen, das bereits durchnässt und mit einer Kordel in Form einer Schleife zugebunden war, vor ihr ab. Adrian Troadec dachte, dass er zweifelsohne die Dame Schach setzte. Und anstatt „Schach" zu sagen, sagte er den erstbesten Blödsinn, der ihm in den Sinn kam: „Süßes für meine Lieblingscellistin."

Alma Trapolyi wusste nicht, was sie sagen sollte. Aber sie dachte wohl, dass wenn dieser Idiot doch mit Süßem in der Hand da stand, war es nur, weil er nicht ihr erstes kleines Violoncello-Solo, an diesem Abend in der Ausführung des Gloria von Antonio Vivaldi, bei dem sie als Kontinuum die Mezzosopran-Solistin begleitete, hatte hören können. Aber bevor sie diesen Gedankengang vollenden konnte, hatte Adrian Troadec bereits das kleine Süßpaket geöffnet und was sie dann sah, erschien der jungen Alma die Metapher seines Überbringers: alle Zuckerbrötchen nass und verschrumpelt wie Apfelmus.

— Nein, danke, ich möchte gerade nicht – sagte sie –, ich werde erwartet.

16

Und das Schlimmste war nicht, dass Adrian Troadec mit durchnässten Füßen im Schnee, mit einem offenen Paket pürierter Zuckerbrötchen in seinen Händen und einem dummen Gesichtsausdruck zurückblieb, das Schlimmste war, dass an jenem Abend tatsächlich jemand an der Tür der Konzerthalle auf sie wartete.

Er hieß Mel Willman und war ein junger Hauptmann der amerikanischen Luftwaffe, der in einem seiner europäischen Abenteuer in Lausanne landete, ein Konzert besuchte, sich in sie verliebte, sie rücksichtslos ansprach und sie ohne Leidenschaft eroberte, und sie dabei ihrem Vater, Lajos Trapolyi, der Schweiz, der Musik und Adrian Troadec für immer entriss.

Adrian Troadec hatte die Partie verloren, obwohl er es noch nicht wusste.

17

Adrian Troadec wusste, dass ein amerikanischer Flieger sie ab und an besuchen kam, mit ihr spazierte und zusammen mit ihr auf Konzerte ging. Aber er wusste auch, dass er wegging und über Monate hinweg aus Lausanne verschwand, ohne ein Lebenszeichen von sich zu geben.

Diese neue Situation schüchterte ihn also nicht ein. Trotzdem wusste er, dass er nun mit höchster Geschicklichkeit handeln musste, wie bei einer kurzen Partie mit gestoppter Zeit.

Das Leben von Adrian Troadec hatte in den letzten Jahren daraus bestanden, Schach zu spielen und Partien und Wettkämpfe zu gewinnen. Aber das konnte nicht seine Art zu leben sein, dachte er. Er musste sich eine sichere Zukunft für ihn und für seine zukünftige Familie aufbauen.

Adrian Troadec hielt an seiner Idee mit den Pralinen fest. Er mietete einen kleinen Laden in der Nähe des Konservatoriums an, reiste nach Genf, handelte eine permanente Auslieferung von Pralinen für seinen Laden aus und an einem 30. August 1927 eröffnete er sein erstes Geschäft *Petit Chocolat Troadec*. Adrian Troadec war nur 23 Jahre alt, Alma Trapolyi war 21. Wien stand wegen der Konfrontationen zwischen den Anhängern der sozialistischen Regierung und den Nazis, die Österreich an Deutschland annektieren wollten, gerade in Flammen.

Für sie sollte die Spielzeit 1927 – 1928 die letzte sein, die sie in Lausanne verbringen würde.

18

Alma Trapolyi, so wie es Adrian Troadec vorhergesehen hatte, entdeckte nach einem Konzert, als sie mit großer Dringlichkeit zur gewohnten Bäckerei ging, den Laden *Petit Chocolat Troadec*. Alma Trapolyi sah das Schaufenster, das mit grünblättrigen Pflanzen und silbernen Tabletts geschmückt war, die die kleinen nackten Teile jener Sorte von Schokoladenbonbons zeigten. Allein ihr Anblick brachte sie dazu, einzutreten.

Als sie Adrian Troadec hinter dem Tresen sah, lächelte sie offen. Das ließ Adrians Augen aufleuchten, sie lächelte, sie lief in die große Falle. Alma Trapolyi sprach mit ihm ungehemmt, mit Freude, ohne Anspannung oder jegliche Komplexe, ohne irgendeine Erinnerung an vergangene Verfolgungen. Adrian Troadec bemerkte allmählich, dass Alma Trapolyi ihn wie einen weiteren Freund, wie einen Kumpel behandelte.

Und diese Enthüllung vernichtete ihn.

Alma Trapolyi sprach zu ihm – dachte er – wie eine Frau spricht, die schon einem anderen gehört.

19

Für Adrian Troadec war jener der erste Tag einer Phase großen Glücks. Alma besuchte ihn oft, plauderte mit ihm, wenn er zu ihrem Vater zum Schach spielen ging, und sie begannen, regelmäßig am See spazieren zu gehen.

Adrian Troadec und Alma Trapolyi wurden schließlich Freunde.

Alma erzählte ihm von Mel Willman. Adrian ließ das Thema über sich ergehen, weil er verstand, dass das, wovon sie sprach, Liebe war, und ihm gefiel das Thema, nicht der Protagonist.

Alma und Adrian begannen abends mit dem Fahrrad am Ufer des Genfer Sees entlang bis Vevey und Montreux spazieren zu fahren, und sie spürten seine Stille, die klare und frische Luft, die Schönheit der Landschaft und die Erhabenheit des großen Mont Blanc, neben dem See mit seinem verschneiten Gipfel, und ihre Herzen, die jetzt dabei waren, sich für immer zu vereinen.

20

Mel Willman kehrte zu Weihnachten 1927 zurück, um bei ihrem Vater, Lajos Trapolyi, um die Hand von Alma anzuhalten. Lajos Trapolyi zitierte ihn zwei Tage später zu sich.

Lajos Trapolyi sprach mit seiner Tochter, Alma, die ihn strahlend vor Glück bat, zuzustimmen. Lajos Trapolyi konnte den Schmerz der Trennung von seiner Tochter nicht ertragen und begann zu weinen. Das war das erste Mal, dass Alma Trapolyi ihren Vater, Lajos, weinen sah und sie hatte Angst, sich zu irren.

Lajos vereinbarte ein Treffen mit Adrian Troadec, um Schach zu spielen. Adrian wusste bereits, dass Mel in der Stadt war und war nicht in guter Verfassung. Beide spielten eine langsame Partie, zwischen der Stille und der Trauer. Lajos schöpfte Kraft aus seiner Beklemmung und erzählte es Adrian:

– Der amerikanische Flieger wird unser Mädchen mitnehmen – sagte er.

Die Partie ging nicht weiter. Zum ersten Mal seit Jahren hatte keiner von beiden Interesse daran, den anderen zu schlagen. In gewissem Sinne fühlten sie sich beide geschlagen.

21

Mel und Alma reisten übers Wochenende nach Montreux. Dort liebten sie sich zum ersten Mal in einem kleinen Häuschen am See.

Bei Tagesanbruch sah Alma die schwimmende Burg auf dem See durch das Fenster und erinnerte sich daran, dass sie nur wenige Wochen zuvor mit Adrian an diesem selben Ort entlang spaziert war. Plötzlich spürte sie die Kluft des Lebens.

Mel kehrte in die Vereinigten Staaten von Amerika zurück und versprach im Mai zur Hochzeit zurückzukommen. Danach sollte sie mit ihm reisen, um auf der anderen Seite des Ozeans ein neues Leben aufzubauen.

22

Nach Mels Besuch sahen sich Alma und Adrian für Wochen nicht. In dieser Zeit ging Adrian von der minutiösen Planungsvorbereitung, um sie zu erobern, über zu der tiefsten Verzweiflung, um in einer unterwürfigen Resignation abzuschließen. Er müsste sein Leben ohne sie wiederaufbauen, sagte er sich.

Eines Abends trat Alma in den kleinen Schokoladenladen und fand ihn allein vor. Er schaute sie überrascht an, aber jetzt ohne jeglichen Ausdruck, ohne Leidenschaft, mit dieser Resignation, in der er in den letzten Wochen umhüllt gewesen war. Sie lächelte und fragte ihn nach einer kleinen Praline. Er gab sie ihr. Nachdem sie sie gegessen hatte, fragte sie nach einer weiteren und dann nach einer weiteren und noch einer und noch einer. Bis sie anfingen zu lachen und sich umarmten.

Er schloss seinen Laden und sie gingen in ein Café, wo sie sich stundenlang unterhielten, ohne Mel zu erwähnen.

Von diesem Tag an sahen sie sich wieder jeden Tag, ohne einen einzigen auszulassen und ohne jemals wieder von Mel zu sprechen, bis er am 1. Mai kam.

Sie heirateten am 22. Und am 6. Juni reiste sie mit ihrem neuen Ehemann in die Vereinigten Staaten und zwar ohne sich von Adrian zu verabschieden. Adrian Troadec.

Es war Juni 1928, Warner Bros hatte gerade in New York den Tonfilm ins Leben gerufen und an diesen Tagen wurde er in Paris vorgestellt.

23

Mel und sie reisten mit dem Zug, zuerst bis Paris und Calais; dann mit dem Schiff bis New York; und den letzten Abschnitt mit dem Flugzeug, mit United Airlines von New York nach Washington. Als Alma in den Vereinigten Staaten ankam, schien ihr alles bezaubernd und neu. Es ertönte noch der Nachhall eines Kollegen von Mel, Charles Lindbergh, der es geschafft hatte, den Atlantischen Ozean alleine zu überqueren; die Ford T. Autos begannen die Straßen zu überfluten; der Jazz beseelte die Städte, die Tanzsäle füllten sich mit Charleston und die Kleider der Frauen wurden gekürzt.

Alma Trapolyi fühlte sich mit ihren 22 Jahren altmodisch. Aber sie war bereit, alle neuen Perspektiven, die ihr das Leben eröffnen würde, zu genießen.

24

Alma Trapolyi lernte in der Levine School of Music von Washington Rebecca Sara Newton kennen. Rebecca Sara Newton war Gesangsschülerin und liebte den Jazz. Becki, wie alle sie nannten, führte Alma in das Nachtleben der Hauptstadt ein. Becki sprach korrektes Deutsch, das sie von ihrem Vater gelernt hatte.

– Englisch – sagte sie zu Alma – ist wie schlecht gesprochenes Deutsch.

Ende 1928 sprach man in Washington alle europäischen Sprachen. Französisch war die offizielle Sprache der Diplomaten und Washington war die Stadt mit der größten Anzahl an Diplomaten pro Quadratmeter in der Welt. Die Italiener breiteten sich über die ganze Stadt aus. Und die Juden kamen aus Polen, Ungarn und Russland. Das Jahrzehnt der zwanziger Jahre lockte Immigranten aus ganz Europa an, die vor der Nachkriegszeit flohen und von einem neuen amerikanischen Leben träumten.

Becki kam mit Alma zum Joe & Mo's Club, nahm das Mikrophon und sagte: „Das hier ist meine Freundin, Alma, Alma Trap." Und sie begann *Night and Day* vom jungen Cole Porter zu singen. So lernte Alma ihren neuen Namen kennen: Alma Trap. Sie benutzte ihren alten Nachnamen nie wieder.

25

Die neue Alma Trap besuchte jede Nacht Clubs und Partys. Sie war immer mit Becki zusammen, weil ihr Ehemann, Mel, nie im Lande war. Solange sie konnte und er nicht da war, würde sie ihren nun amerikanisierten Mädchennamen benutzen, ein wenig aus Zorn darüber, dass Mel ihr ein Leben der Liebe versprochen hatte, ihr aber ein Leben der Einsamkeit bot. Auch wenn Alma versuchte, nicht über ihr Leben nachzudenken. Sie fühlte sich nicht schlecht, weil alle in Washington Immigranten waren und alle unter derselben Nostalgie litten; aber sie verstand, dass dieser Lebensstil, dieser einer einsamen Frau auf nächtlichen Partys, nicht für immer sein konnte.

Alma spielte tagsüber in ihrem leeren Haus in Georgetown Cello und nachts folgte sie Becki zu den bevölkerten Welten der Musik und des Tanzes.

26

Wenn Alma Cello spielte, ließ ein großer innerer Frieden sie an ihre Heimat denken, an ihren See, ihre Berge und an Adrian Troadec. Dann weinte Alma. Es war zu jener Zeit, als sie anfing, Briefe an ihren Freund Adrian zu schreiben, Adrian Troadec.

Die ersten Briefe waren fröhlich, ungezwungen, strotzend vor Glück über ihr neues Leben, immer die Bezugnahme auf ihre Freundschaft mit ihm beschwichtigend, jedoch in jedem Absatz diese bekundend, in jeder vertraulichen Mitteilung.

Danach begann ein Faden von Traurigkeit sich unter ihren geschriebenen Worten zu mischen und veränderte den Tonfall ihrer Briefe. Ein Faden, der den neuen Ton der traurigen Alma zeichnete, zerstreut, desorientiert, einsam.

Und da entschied sich Adrian Troadec, mit den sieben Briefen ausgerüstet, die er in den letzten acht Monaten von ihr bekommen hatte, mit Lajos Trapolyi, Almas Vater, zu sprechen, um ihn auf den neuesten Stand der Dinge zu bringen.

27

Als Adrian Troadec zu Lajos nach Hause kam, spielte Lajos mit seinem Sohn György Schach und hörte auf seinem neuen Grammophon Beethovens 6. Symphonie. Adrian analysierte, als wäre er ein Experte für Briefromane, jeden einzelnen Federzug der sieben Briefe, konzentrierte sich auf die negativen Aspekte der letzten drei, um zum Schluss zu kommen, dass Alma sich einsam fühlte und kurz davor stand, in eine tiefe Depression zu fallen.

Lajos Trapolyi stand von seiner Partie auf, nahm die Nadel vom Grammophon. Er schaffte Stille. Er nahm seine alte Pfeife, fing mit einem Streichholz Feuer aus dem Kamin, zündete seine Pfeife an und, als er bereit war, etwas zu sagen, war es sein Sohn György, der die Stille brach und sagte:

– Ich werde sie holen gehen.

28

So brach im April 1929 ein 20-jähriger junger Mann Namens György Trapolyi, ein begeisterter Klavierschüler, zu einer langen Reise auf, von der er niemals zurückkehren würde, in Richtung Vereinigte Staaten von Amerika. Er nahm einen Zug nach Genf, von dort aus noch einen nach Paris. Er blieb über einen Monat in Paris und erfreute sich an seinem ersten Kontakt mit einer großen Stadt, spielte in kleinen Cafés und er entdeckte, dass das der Lebensstil war, den er wollte und nicht das ruhige Lausanne mit seiner altmodischen Musik, bis er Kurs auf Calais nahm. Dort spielte er in einer französischen Kantine auf einem klapprigen Klavier zwischen betrunkenen Matrosen und wartete fünfzehn Tage darauf, dass der große Passagierdampfer TS Bremen zur Neuen Welt aufbrach. Nach fünfundzwanzig Tagen harter Überfahrt, in der sich Erbrechen mit der Interpretation von Tänzen der Zeit, die er in seinen letzten Wochen in Frankreich gelernt hatte, abwechselten, kam er zu einem New York, wo er eine Stadt von fast zwei Millionen Einwohnern vorfand, die pausenlos in Wallung war. Dort, in New York, blieb er mehr als drei Monate, fast bis er vergessen hatte, wozu er überhaupt gekommen war, durch die neuen Rhythmen und Akkorde geblendet, die die Nachtclubs ihm vorführten, wo die Musik viel lebendiger und freier war als an irgendeinem anderen Ort der Welt. Ende Oktober nahm die Panik Besitz von der Stadt. Die Geschäfte begannen unterzugehen; das Geld, das bis dahin geflossen war, schien zu verschwinden; viele Kneipen und Clubs schlossen. György, zu dieser Zeit schon der neue George, erschrak vor seinem Schicksal und erinnerte sich, warum er gekommen war. Um Weihnachten 1929 trat George Trapolyi vor die Haustür seiner Schwester und klingelte. Der Schnee bedeckte das alte Viertel von Georgetown, George Trapolyis Stiefel waren voller Schlamm.

29

Alma Trap war dick. Das war das erste, was George Trapolyi wahrnahm, als er seine Schwester sah. Alma Trapolyi, seine Schwester, Alma Trapolyi war dick, sehr dick, aufgebläht.

Als Alma ihn sah, brach sie in Tränen aus. Sie fühlte sich in ihrer Verzweiflung ertappt. Sie umarmte ihn und zum ersten Mal in ihrem Leben spürte sie, dass sie ihn liebte.

Alma Trap hatte ganz in der Nähe ihres schönen Hauses Schokoladengeschäfte gefunden und, ohne zu wissen wie, hatte sie begonnen ständig Schokolade zu essen, fast schon auf natürliche Weise, so wie jemand Wasser trinkt, bei Tag und bei Nacht, bei Nacht und bei Tag. Mel, ihr Ehemann erschien selten zu Hause, immer auf Reisen und in Abenteuer verwickelt. Die Depression, die Adrian Troadec in ihren Briefen festgestellt hatte, hatte sich in ihr so eingenistet und ließ sie nun in einem Ozean von Erinnerungen und Unzufriedenheit treiben. Die Schokolade, und zwar nur die Schokolade, brachte ihr die Erinnerung an das Glück zurück.

30

Die Freude von Alma Trap über die Ankunft ihres Bruders György war immens. Sie gab ihr das Leben zurück. Am folgenden Morgen packte sie ihn am Arm und sie ging mit ihm durch das alte Viertel einkaufen. Sie kaufte sich ein neues Kleid und benachrichtigte Becki, um in derselben Nacht auszugehen.

Als Alma und George begannen die Treppe des Joe & Mo's Clubs hinabzusteigen, fühlte sich George, als wäre er wieder im New York seiner letzten Monate: mit Teppich verlegter Boden, Wände voller Bilder mit gezeichneten Gesichtern der berühmtesten Musiker der letzten Jahre, eingerahmte Schnappschüsse und Zeitungsausschnitte; die Herren im strengen Smoking und die Frauen in der ungezwungenen Eleganz der Zeit; Tabakrauch, Champagner auf den Tischen und diese Jazz-Band mit Saxophonen, Trompeten, Posaunen, Schlagzeug, einem Kontrabass und ihrem schwarzen Stutzflügel. Und mittendrin, in der Mitte des Ganzen, hinter dem Mikrophon singend und den Raum mit einer magischen und unbeschreiblichen Aura füllend, die schönste Frau, die George jemals zu sehen bekommen hatte: es war Rebecca Sara Newton und sie sang genau in diesem Augenblick ein Lied: „Bei Nacht und bei Tag, bei Tag und bei Nacht will ich mit dir Liebe machen."

31

Becki und George heirateten nur zwei Wochen später.

Um zu überleben, fiel ihnen nichts Anderes ein als aufzutreten, mit George am Klavier und sie singend, würden sie das ganze Land durchqueren, wenn es nötig wäre, bis sie reich werden würden. Das war ihr Traum. Sie traten zuerst an der ganzen Ostküste auf; später kamen sie in das Gebiet der großen Seen und sangen in Cleveland, Detroit und Chicago. Es war Ende Oktober 1931, Al Capone wurde gerade wegen Steuerbetrugs festgenommen. Auch für sie liefen die Dinge nicht besonders gut. Es war zu jener Zeit, als Becki ihre erste Fehlgeburt hatte. Das Geld reichte kaum zum Überleben. Die amerikanische Gesellschaft war dabei, in eine tiefe Depression zu fallen. In der Zeit, in der sie in Chicago lebten, erlangte Franklin D. Roosevelt die Präsidentschaft im Land und schwor, dass kein Amerikaner jemals wieder hungern würde.

32

Die Nachrichten aus Europa waren beunruhigend. George begann sich Sorgen zu machen. In Deutschland hatte der Reichstag gebrannt und das Meinungs- und Versammlungsrecht waren unter dem Druck des Reichskanzlers Adolf Hitler aufgehoben worden. Die Preise waren im ganzen Westen gefallen, die Arbeitslosigkeit begann alarmierend zu sein.

Ausgehend von dem Ziel, das Rebecca Sara Newton verfolgte, fühlte man, dass sie nun am falschen Ort waren. In New York triumphierte das neue Comedy Musical ihres Freundes Cole Porter, *Anything Goes*, in dem sie hätte mitspielen können. Und in Hollywood triumphierte eine Kleine wie Shirley Temple, die mit der gleichen Ungezwungenheit sang, tanzte und schauspielerte, wie sie Becki selber in sich erkannte.

– Wir müssen nach San Francisco – sagte sie sich.

33

Jedoch war es eine falsche Entscheidung, weil Becki zum zweiten Mal schwanger war und das Kind auf halbem Wege zwischen Omaha und Denver zur Welt bringen müsste, wo es weder Klaviere noch Mikrophone gab und wo die Hitze und das Licht der Bühnen den Bewohnern absolut unbekannt waren. Nur vier Monate nachdem sie ihren ersten Sohn Frank bekommen hatten, wurde der Mittlere Westen durch eine Serie von katastrophalen Staubgewittern erschüttert, die ihn wegfegten und zerstörten. Die starken Winde ruinierten die Ernte und töteten das Vieh.

Der kleine Frank starb. Becki und George glaubten auch vor Schmerz zu sterben. Keiner erinnerte sich mehr an ihre schönen Momente in der Vergangenheit, noch waren sie in der Lage, sich eine glückliche Zukunft vorzustellen. Es war 1935. Da trennten sie sich. Wie ein verletztes Tier wollte er in sein Heim zurück, von dem er nicht mehr wusste, wo es war. Wie ein verletztes Tier wollte sie bis zum Tod weiterkämpfen.

34

Sieben Monate später stand George wieder vor dem Haus seiner Schwester Alma in Washington. Als sie die Tür öffnete, fand sie einen geschlagenen Mann vor.

George brauchte lange, um sich zu erholen, obwohl er nie aufhörte an Rebecca zu denken, die es nur über die Distanz geschafft hatte, das Gefühl des Geliebten in ihm zu erwecken.

Alma Trap gelang es, dass man ihn stundenweise als Klavierlehrer in der Levine School of Music einstellte, wo sie in den ersten Jahren ihres Aufenthalts in den Vereinigten Staaten studiert hatte.

Dort suchte er zwischen jungen Schülern und einem alten Steinway Klavier Zuflucht vor der Welt.

Die Ruhe, wie eine Schokoladenpraline mit Schmerz überzogen, ließ sich in seinem Leben nieder. Alma und George Trap suchten Zuflucht in der Niederlage, in der Sehnsucht und in der Verwirrung, ein Leben zu leben, das sie sich nie hätten vorstellen können und das sie trotzdem lebten.

35

Am 27. Mai 1937 sahen Alma und George sie im Fernsehen wieder. Becki sang die Nationalhymne bei der Einweihung der Golden Gate Bridge in San Francisco. Das größte Ingenieurswerk dieser Zeit, eine Brücke von mehr als zwei Kilometern Länge, wurde gerade mit der Stimme von Rebecca Sara Newton eingeweiht. In diesem Moment realisierte George, dass er sie für immer verloren hatte.

36

Mehr als ein Jahr nach der Abreise von György Trapolyi in die Vereinigten Staaten, hatten Lajos Trapolyi und Adrian Troadec nicht die geringste Nachricht von György oder Alma erhalten. Lajos und Adrian spielten langweilige Schachpartien, die sie nicht mehr wie früher unterhielten. Beide verfielen in eine wortkarge Verzweiflung.

Adrian Troadec wusste, dass er kein Recht hatte, sich in das Leben von Alma Trapolyi, Ehefrau von Willman, einzumischen und er kämpfte, um resignieren zu lernen.

Lajos Trapolyi war damals 51 Jahre alt und war allein. Die Musik und das Dirigieren, seine Leidenschaft im Laufe seines Lebens, waren ihm zum ersten Mal gleichgültig. Seine Arbeit, das Schachspiel und sein alltägliches Leben waren ihm gleichgültig. Er wartete nur auf Nachrichten aus Amerika.

37

Adrian Troadec entschied jedoch, durch die Idee ermutigt, dass er früher oder später eine lange Reise in die Vereinigten Staaten machen müsste und getreu seiner Art, die Dinge auf lange Sicht hin zu planen, dass er für solch ein Abenteuer und auch für alles Unvorhergesehene, das dabei auftreten könnte, zu mehr Geld kommen musste. Dafür und nun auch voller neuer Energie, die ihm einzig sein Streben verlieh, entschied er in Genf und in Bern zwei weitere Läden seines *Petit Chocolat Troadec* zu eröffnen.

In weniger als einem Jahr kaufte Adrian Troadec zwei neue Lokale für seine neuen Geschäfte. All seine Energie und Gedanken fielen seinen Projekten zu und er versuchte so die Verbitterung des Herzens zu vergessen.

In Russland hatte Stalin das Land kollektiviert, Spanien verkündete die Republik und die sogenannte Große Depression verwüstete nach und nach den ganzen Kontinent. Die Preise begannen zu steigen, die Währungen wurden entwertet. Aus allen Teilen kamen Gerüchte von sozialen Problemen. Aber die Schweiz schien sich wie eine unschuldige Insel im Windschatten der bösen Winde zu halten.

Trotzdem hörte die Schokolade auf, aus Paris zu kommen.

38

Als jedoch die Geschäfte zu laufen begannen, wurde Adrian Troadec zu den Waffen gerufen. Die Regierung rief alle Männer unter 35 für eine Zeitspanne von drei Monaten zu den Waffen. Das Schweizer System hatte auf der Basis dessen, dass sich die gesamte Bevölkerung fortwährend in einer Ausbildungsphase befand, etabliert, jedoch waren es immer nur wenige Wochen im Jahr. Die Situation Deutschlands schien, speziell mit Frankreich, nicht auf dem rechten Weg zu sein. Am 15. März 1936, einige Tage nachdem die Deutschen ins Rheinland einmarschiert waren und den Vertrag von Versailles brachen, als Adrian Troadec 32 Jahre alt war, musste er sich melden, um der mächtigsten europäischen Armee beizutreten: der Schweizer Marine.

Sein Leben würde nie wieder dasselbe sein.

39

Er wurde nach Kreuzlingen an die Grenze zu Deutschland, in die Nähe des Bodensees, geschickt. Dort verbrachte er paradoxerweise ruhige und kameradschaftliche Monate, in denen er seine Zeit mit einfachen Gefährten teilen würde. Dort lernte er Frank Peter Schweinberger kennen, mit dem er lange Schachpartien spielen würde; Fabio Cidini, einen Kettenraucher und großartigen Geschichtenerzähler; Jörg Peter Merkel, einen großartigen Clown, mit dem er in der Nachtwache lachen würde; Enric Letelier, einen Liebhaber Bachs, der jeden Abend Geige spielte, und Gregor von Herzen, einen ruhigen Freund, der seine Freunde mit dem Blick liebte. Sie alle starben auf grausame Weise, bei einem absurden deutschen Hinterhalt, der fast einen internationalen Konflikt ausgelöst hätte, der später erbärmlicherweise verschwiegen wurde, und von dem er Jahre später nur seine Feigheit erinnern würde: in der Küche geduckt hörte er die Schreie des wilden Überfalls; er hörte die raschen Schüsse des Maschinengewehrs; er hörte das dumpfe Geräusch, als seine Kameraden fielen, er hörte die wahnsinnigen Schreie des Deutschen und vor allem hörte er sein Schweigen.

In der Partie, die er mit dem Leben spielte, waren seine besten Bauern in nur einem Spielzug gefallen.

40

Adrian Troadec verlor durch den Schock das Bewusstsein, das er monatelang nicht wiedererlangte. Als er wieder anfing zu verstehen, dass er weiterhin am Leben und trostlos war, lebte er gerade in Lajos Haus und schlief paradoxerweise in was einmal Almas Bett gewesen war. Ihr Geruch brachte ihn zurück ins Leben.

41

Als Hitler in Wien einmarschierte, hörten Alma Trap und ihr Bruder George die Nachrichten in ihrem alten Haus in Georgetown, Washington. Sie wussten, dass das für die Schweiz der Anfang vom Ende war. Sie dachten an ihren Vater, von dem sie seit Jahren nichts gehört hatten, und Alma ertappte sich bei dem Gedanken an Adrian. Adrian Troadec.

Nur zwei Tage später bekam Alma Besuch von einem Sergeant, der ihr die Beileidsbekundung von General Taft überbrachte: Mel Willman war gestorben.

Da weinte Alma. Jedoch nur ihretwegen.

42

Am 3. September 1939, am Tag, an dem der Beginn des Zweiten Weltkrieges verkündet wurde, klopfte Rebecca Sara Newton an die Tür der Geschwister Trap.

Es gelang George nur ihre zarten Lippen und ihre leuchtenden Augen zu sehen, in denen er ablesen konnte: „Ich komme zurück zu dir." Was er aber nicht las, obwohl es offensichtlicher schien, war, dass Becki schwanger daherkam.

Am 29. Februar 1940, am Tag, an dem *Vom Winde verweht* uraufgeführt wurde, kam Eleanor auf die Welt, Tochter eines verlogenen Kinoproduzenten und der Sängerin und des bis dahin aufsteigenden Kinostars Rebecca Sara Newton, Becki Newton.

George Trap hatte es seit fünf Monaten, sechsundzwanzig Tagen und sieben Stunden klar: wenn er Rebecca nie wieder verlieren wollte, müsste jene seine Tochter sein. Sie würde seine Tochter Eleanor sein. Eleanor Trap.

43

Rebecca entdeckte eine sanftere Art von Glück als das ihrer langen Reisen und amüsanten Konzerte. George gab Klavierstunden und Alma lebte von der Witwenrente des Militärs ihres Mannes und spielte im kleinen Orchester der Schule mit. Eleanor wuchs fröhlich in einem einfachen amerikanischen Haushalt auf.

In Europa marschierte jedoch im Mai die deutsche Armee in Holland und Belgien ein; im Juni kapitulierte Frankreich vor Deutschland und der Eiffelturm, dieser, den der junge György Trapolyi mit Bewunderung angeschaut hatte, als er auf seiner Reise ohne Wiederkehr durch Paris kam, würde das Hakenkreuz zur Schau stellen; im September würde London zum ersten Mal hart bombardiert werden; ein Jahr später, am 10 Mai, würden fünfhundertfünzig Flugzeuge Tausende von Bomben über der Stadt abwerfen und würden sie so fast vollständig zerstören; im Juni würden die Deutschen in Russland einmarschieren; schließlich würden am 7. Dezember 1941 die Japaner Pearl Harbor angreifen. Der Zweite Weltkrieg hatte begonnen.

Alma, George und Rebecca sahen ihre Welt in sich einstürzen.

44

Alma Trap konnte weder die Tatenlosigkeit noch die so absurde Rolle, die der klassischen Musik in Kriegszeiten blieb, ertragen und deswegen meldete sie sich bei der Freiwilligen Schwesternschaft des Roten Kreuzes. Dort realisierte sie, dass sie in Watte gepackt gelebt hatte und dass sie nicht darauf vorbereitet war, die Realität zu akzeptieren. Immer wenn sie sich nachts in ihrem Zimmer einschloss, weinte sie.

Alma träumte davon, nach Hause zurückzukehren, stellte sich ein glückliches Leben mit Adrian vor, von dem sie seit Jahren nichts wusste, aber der Krieg hielt sie vom Träumen ab. Alma verstand, dass sie sich zurückzog, dass sie nicht mehr weitermachen wollte, dass sie nur zurückkehren wollte, in den Unterschlupf ihrer Erinnerungen. Das war – wie sie merkte – die Rochade mit der Dame.

Alle Träume auf der Welt hielten inne. Die Jahre des Krieges duldeten nur Platz für die Gedanken, die sich darauf konzentrierten zu überleben.

In ihrem alltäglichen Leben, durch den Krieg zerrissene junge Männer zusammenzunähen, war das Einzige, was Alma wirkliche Freude bereitete, mit ihrer Nichte Eleanor zu spielen.

Aber Eleanor wurde krank.

45

Eleanor schien für eine ganze Woche eine Grippe mit hohem Fieber durchzustehen. Nicht nur Becki und George waren besorgt; Alma glaubte insgeheim, dass sie die Schuldige war: ihr Umgang mit den Patienten im Krankenhaus hatte die Ursache dafür sein können. Aber Eleanors Zustand verbesserte sich.

Acht Tage später bekam Eleanor wieder Fieber und Erbrechen. Eines Morgens bemerkte ihre Mutter, Rebecca Sara Newton, dass Eleanor ihre Beine und ihre Arme kaum bewegen konnte.

Im Sommer 1944, als die Amerikaner begannen, die ersten Meldungen zu bekommen, dass die Alliierten es geschafft hatten, am Strand der Normandie an Land zu gehen, wurde bei dem kleinen vierjährigen Mädchen, Eleanor Trap, eine Knochenmarkentzündung oder Kinderlähmung diagnostiziert.

Alma dachte, dass sich das Leben nicht rechtfertigt, wenn ein Kind leiden muss.

46

Alma Trap verließ das Krankenhaus, nur um sich ihrer Nichte zu widmen, von stechenden Schuldgefühlen getrieben: ihre vorgespielte Heldentat zu helfen, um sich zu beschäftigen, hatte ihr nichts weiter als Schmerzen bereitet. Rebecca Sara Newton verfiel in eine chronische Beklemmung, die sie daran hinderte, aufzutreten. George Trap gelang es, sich in seiner eigenen Welt abzuschotten. Im Grunde genommen – dachte er – war sie nicht seine Tochter.

Alma Trap fasste den Entschluss, sich nicht zu ergeben. Sie sprach mit Ärzten und Schwestern und entdeckte, dass dies eine gewöhnlichere Krankheit war als sie anfangs gedacht hatte: hunderte von Kindern zwischen vier und fünfzehn Jahren litten darunter. Einige Schwestern hatten bei den Erkrankten große Fortschritte erzielt, indem sie ihnen Wärme auf die Muskeln auftrugen und Übungen an den betroffenen Gliedmaßen, sei es aktiv oder passiv, ausführten.

Die kleine Eleanor litt an Kopf- und Rückenschmerzen und machte sich oft in die Hose. Alma Trap fiel auf, dass sie niemals zuvor mehr Kraft und Ausdauer als zu dieser Zeit der Krankheit ihrer Nichte gehabt hatte. Eleanor schien sich von dieser Energie zu ernähren, es stärkte auch ihren formenden Charakter und in nur sieben Monaten konnte sie wieder selber laufen.

Die dünnen fasrigen Beine und ein leichtes Humpeln am rechten Bein würden sie ihr Leben lang nicht mehr verlassen. Die Liebe zu ihrer Tante Alma auch nicht.

Jahre später würde Alma erfahren, dass die Überträger der Krankheit nicht die Schwestern waren, wie man befürchtet hatte, sondern die Fliegen. Jedoch konnte ihr dann niemand mehr die Jahre voller Kummer ersetzen.

47

Im Mai 1945 endete der Krieg in Europa, obwohl der Kampf der Amerikaner gegen die Japaner noch andauerte.

Am 6. August warfen die Amerikaner eine Bombe über die japanische Stadt Hiroshima ab, die auf der Stelle achtzigtausend Menschen tötete. Drei Tage später wiederholten sie die Aktion mit der Stadt Nagasaki und töteten diesmal fünfundsechzigtausend Menschen.

Als am 14. August die Kapitulation Japans bekannt gegeben wurde, stürzten sich die Leute in der Stadt Washington auf die Straße: Becki, George und Eleanor umarmten sich, sie schrien und lachten. Alma dachte an ihren Mann Mel und an den Wahnsinn des Krieges.

Mehr als fünfundfünfzig Millionen Menschen starben direkt oder indirekt infolge dieses Krieges: des Zweiten Weltkrieges.

48

Adrian Troadec schlug sich während des Krieges mit seinen Ersparnissen durch. Obwohl die angestrebte Ausweitung seines Geschäftes sich schließlich nicht konsolidierte, schaffte er es einen kleinen Kesselofen in Betrieb zu nehmen, mit dem er begann, für seinen kleinen Handel zu produzieren und zu liefern.

Währenddessen war das Leben in Europa völlig durcheinander. Durch die Schweiz kamen Bürger aus der ganzen Welt: mit dem Regime und dem Krieg unzufriedene Deutsche, Juden, die vor den rassistischen Verfolgungen flohen, Franzosen, die dem Nazi-Regime entkamen, vom Bürgerkrieg geschlagene Spanier, Italiener aus dem ganzen Spektrum, Linke zuerst und dann Faschisten, und alle möglichen Leute aus allen Ländern, die kamen, um vor der Welt im Kriegszustand Unterschlupf zu finden.

Eines Morgens im Jahr 1941 erschien Lajos Trapolyi an der Tür seines Geschäfts mit einer jungen albanischen Violinistin Namens Elena Petroncini.

49

Elena Petroncini floh seit zwei Jahren vor der Einnahme Albaniens durch die Truppen Mussolinis. Sie war die Tochter von Victor Petroncini, einem alten, romantischen und treuherzigen italienischen Soldaten, der als junger Idealist und Träumer während des Ersten Weltkriegs nach Shkodra kam, der Geburtsstadt von Elena Petroncini, im Norden Albaniens. Im November 1912 nahmen die Italiener in Anlehnung an das Habsburgerreich diesen Teil des Landes gegen die Griechen ein, die den Süden an sich gerissen hatten, um sich die Unabhängigkeit Albaniens zu sichern und das Eindringen in den Balkan zu erleichtern. Victor Petroncini lernte bei dieser Eroberung Muradije Ramiqi kennen, eine Intellektuelle, Poetin, Malerin und Aufständische, die von der paradoxen Persönlichkeit eines treuherzigen und aufrichtigen und gleichzeitig abgehärteten und robusten Mannes fasziniert war. Muradije Ramiqi machte ihm mit einem einzigen Blick klar, dass er desertieren und für immer in Albanien bleiben müsse.

Victor Petroncini wusste in diesem Augenblick, dass er keine Wahl hatte. Später würde er sagen: „Es war gefährlicher, sie zu verlassen, als meine ganze Armee mit ihren Generälen."

50

Elena Petroncini verließ Albanien mit einer kleinen Hirtentasche, in der sie Wechselwäsche für nur drei Tage mit sich führte und in einem Tuch eingewickelt, eine alte Wiener Violine aus dem alten Hause Tim, die ein italienischer Violinist zu Zeiten des Ali Paschas von Ioannina Anfang des 19. Jahrhunderts nach Shkodra gebracht hatte.

Die Violine, die Elena Petroncini in der Stofftasche trug, hatte ihr Leben 1770 in Wien begonnen; sie nahm nur 16 Jahre später an der Uraufführung von *Die Hochzeit des Figaro* teil; sie reiste 1797 ins napoleonische Venedig, wo sie dem Konservatorium für Waisenkinder von Santa María di Loreto zugewiesen wurde. Dort sang sie die Werke Vivaldis, Marcellos und Pergolesis; in den unberechenbaren Jahren der napoleonischen Herrschaft kam sie nach Rom, wo sie für mehr als zwölf Jahre in Vergessenheit geriet, bis zur Verkündung Roms 1809 als freie und kaiserliche Stadt.

Das waren die großen Jahre der Violine aus dem alten Hause Tim aus Wien: sie nahm an großen Opern von Rossini teil: *Die Italienerin in Algier*, *Der Barbier von Sevilla*, *Aschenputtel*. Jedoch starb 1818 ihr Besitzer und sie wurde einem lüsternen und abenteuerlichen Musiker verkauft, der sie mit sich nach Shkodra brachte, der alten albanischen Hauptstadt, wo sie verpfändet wurde, bis 19 Jahre später Alí Ramiqi, Muradije Ramiqis Großvater, sie kaufte und sie von Generation zu Generation weitergeben ließ, bis zu Elena Petroncini, die sie nun in ihrer Hirtentasche mit sich führte.

51

Elena Petroncini wusste nicht, wohin sie gehen sollte. Man musste fliehen, wusste aber nicht wohin. Italien war ihr Feind; Griechenland hatte eine Diktatur und Italien drohte damit, dort einzufallen, so wie es kurz darauf auch geschah; weiter im Süden hatten die Frauen keine Rechte und klassische Musik existierte nicht; Jugoslawien befand sich in einem Prozess interner Nazifizierung und Bulgarien lebte in einer ständigen Instabilität, indem sie die Spannungen zwischen den Anhängern Deutschlands und Italiens auf der einen Seite und die Sowjetunion auf der anderen Seite aushielt.

Trotzdem floh sie. Sie nahm sich Wien als Ziel vor, das Wien ihrer Violine, das Kaiserliche Wien, in dem die Musik herrschte. Sie durchkreuzte Jugoslawien zu Fuß, kam nach Bulgarien, reiste in Rumänien ein und als sie kurz davor stand, Ungarn zu passieren, ihre letzte Etappe in ihrer Reise nach Österreich, wurde das ganze Land durch die Wehrmacht eingenommen, von der deutschen eisernen Garde, die Juden und Politiker ermordeten, um die Macht zu kontrollieren, und für die alles Ausländische ein Feind war. Dort fand Elena Petroncini auf einem verlassenen Bauernhof Zuflucht und wurde krank. Sie dachte, dass sie niemals wieder gesund werden würde und gab sich dem Tod hin.

52

Nicolai Faurenau, ein rumänischer Jude Schweizer Vorfahren, fand sie sterbenskrank vor und in der Annahme, dass sie auch eine fliehende Jüdin sei, pflegte er sie und trug sie in einem kleinen Karren durch Ungarn und den Süden Österreichs für mehr als neun Wochen in Richtung Schweiz, dem Land seiner Träume.

In den Alpen dachte auch Nicolai, dass er sterben würde. Der Klepper, der den Karren zog, war eines Morgens tot, die sterbende Unbekannte war weiterhin schwach und war nicht in der Lage auf eigenen Beinen zu stehen und ihm blieb keine Kraft mehr.

Da trafen Nicolai und Elena auf eine Gruppe von Zigeunern, die auch aus Österreich in Richtung Schweiz flohen. Er bat sie um Hilfe und sie entschlossen sich, sie ihnen nicht zu gewähren: die Alpen mit Kranken zu durchqueren war eine Last und ein unnötiges Risiko.

Jedoch sah Béla Cuza, der älteste der Familie, zwischen den Tüchern der Kranken den Hals der Wiener Violine aus dem alten Hause Tim, die Elena mit sich führte, herausragen und er nahm sie, bog den krummen Steg gerade, stimmte sie und spielte indem er ihre Saiten mit dem Bogen streichelte.
Es herrschte ein Moment des Friedens im Europa des Krieges.

53

Paradoxerweise überlebte Elena Petroncini die Überquerung der Alpen, aber Nicolai Faurenau wachte nach einer harten Nacht mit niedrigen Temperaturen nicht mehr auf. Elena Petroncini kam niemals dazu, mit dem Mann, der ihr das Leben gerettet und sie in ein Land in Freiheit gebracht hatte, auch nur ein einziges Wort zu wechseln. Als sie anfing sich bewusst zu werden, dass sie noch am Leben war, dachte sie, dass sie sich noch auf rumänischem Boden befände, aber sie lebte mit österreichischen Zigeunern rumänischer Herkunft auf freiem Boden der Schweiz.

Als sie in das Leben erwachte, als sie eine neue Möglichkeit zu leben verspürte, ging sie runter in die nächste Stadt, suchte ein Orchester und lernte Lajos Trapolyi kennen. Er brachte sie zu Adrian Troadec.

Adrian Troadec bot ihr im Keller seines *Petit Chocolat Troadec* Zuflucht und von dem Augenblick, an dem sie an der Tür seines kleinen Geschäfts erschien, verstand er, dass die Tage seiner Einsamkeit ein Ende hatten.

54

Währen die Welt sich im Krieg befand, lebten Adrian und Elena in Liebe.

Adrian Troadec war 37 Jahre alt, Elena Petroncini 21. Für beide war die Liebe eine neue Erfahrung, der sie sich ohne Beherrschung hingaben, ohne schlechtes Gewissen, ohne Gewissensbisse, ohne Vorbehalt. Die Welt brachte sich um und sie streichelten sich im Keller des *Petit Chocolat*, sie umarmten sich, sie liebten sich, und weder hörten sie ihre schmerzvolle Vergangenheit, noch die dröhnende Gegenwart, die sie umgab.

Für Adrian Troadec vermischte sich der Geschmack der Liebe wieder einmal mit dem Geschmack der Schokolade. Für Elena würden die Liebe und die Schokolade nunmehr ein und dasselbe sein.

Am 8. Dezember 1941 heirateten Elena und Adrian in der kleinen Kirche von Sainte Marthe in Aix-en-Provence. Der Trauzeuge war Lajos Trapolyi. Adrian und Lajos schauten sich an. Die Erinnerungen zerkratzten ihnen die Seele. Sie wussten nicht, dass Mel Willman, Almas Ehemann, schon vor über drei Jahren gestorben war. Noch wussten sie, dass die Japaner am Vortag Pearl Harbour angegriffen hatten und dass an jenem Tag zu jener Stunde Franklin Delano Roosevelt sich im Radio an sein Volk und an die Welt wandte, um zu verkünden, dass die Vereinigten Staaten von Amerika in den Krieg eingetreten waren.

55

Adrian und Elena begannen ein einfaches Leben der Liebe, der Routine und der Angst vor dem Krieg und seine Folgen zu leben, bis im Oktober 1944 eine Nachricht kam, die ihr Leben veränderte: der amerikanische Oberbefehlshaber des Militärs, der gerade in Frankreich an Land gegangen war, gab ihm den Auftrag alle zwei Wochen zehntausend Tafeln Schokolade herzustellen. Die Bezahlung würde immer bar sein und der Vertrag könnte mindestens über sechs Monate gehen. Adrian wusste, dass er es nicht schaffen könnte.

Aber er tat es.

In nur drei Monaten ständiger Arbeit, nachdem er eine riesige Halle angemietet hatte und mehr als zwanzig Leute arbeiten ließ, die nicht das Geringste über Schokolade wussten, schaffte er es, einer der reichsten Männer der Region zu werden und kam vom Notstand zum Wohlstand.

Am Ende hatte ihm der Krieg nur Glück gebracht.

56

Eleanor verbrachte die kommenden Jahre wie ein glückliches Mädchen. Ihre Mutter hatte nach dem Krieg wieder angefangen zu singen, immer in Begleitung ihres Vaters. Und ihre Tante, in Frieden mit sich selbst und mit großer Hingabe ihr gegenüber, kehrte zurück zur Lektüre französischer Liebesromane und zum Violoncellospielen.

Alma versuchte ihr geduldig das Spielen beizubringen, aber Eleanor wollte nur laufen, sich rastlos bewegen, so als wolle sie zeigen, dass ihr Hinken nicht ihre Lebensfreude beeinträchtigte. Eines Tages jedoch gelang es Alma, sie ruhig zu bekommen: „Lass mich dir dieses Buch vorlesen," sagte sie ihr. Und sie setzte sie an ihre Seite und begann mit dem Finger auf der jeweiligen Zeile zu lesen: „Alice war es allmählich leid, neben ihrer Schwester am Bachufer stillzusitzen und nichts zu tun."

57

Es war nicht nötig, dass ihre Tante ihr dieses Buch bis zum Ende vorlas. Sie machte es selbst. Und nach diesem Buch kam ein weiteres und ein weiteres und ein weiteres. Sie las *Die Abenteuer von Tom Sawyer* von Mark Twain; *Robinson Crusoe* von Daniel Defoe; *Die Schatzinsel* von Robert L. Steveson: *Gullivers Reisen* von Jonathan Swift; *Peter Pan* von J. M. Barrie; *Fünf Wochen im Ballon* von Jules Verne; *Münchhausen* von Rudolf Erich Raspe; *Die mutigen Kapitäne* von Rudyard Kipling; *Aus dem Staats- und Familienleben der Tiere* von J. J. Grandville und *Das Buch der Wunder* von Marco Polo. In dieser Lektüre eingetaucht wuchs Eleanor auf und bemerkte, dass alle diese Geschichten etwas gemeinsam hatten: alle zeigten auf, dass Reisen etwas Wundervolles war.

Und Eleanor hatte nichts Anderes für ihre Zukunft vor, als zu reisen.

58

– Wie ist Europa? – fragte einmal Eleanor ihre Tante Alma.

– Alt – sagte sie ihr.

Eleanor träumte davon, das Land ihrer Großeltern zu besuchen. Sie begann Alma nach ihnen zu fragen, nach ihrem alten Haus, nach der Landschaft, nach ihren Freunden, nach ihrer Schule, nach ihren Erinnerungen. Sie fragte und fragte, bis sie die Sehnsucht so stark in ihr erweckte, dass Alma eines Tages alle überraschte, als sie sagte:

– Ich kehre zurück nach Hause.

Es war Mai 1954. Eleanor Trap war 14 Jahre alt. Die Abreise ihrer Tante Alma nahm ihr den Bezug zum Leben, als sie begann ihn am meisten zu brauchen. Alma Trap war 48 Jahre alt, fühlte sich vom Leben geschlagen, einem Leben, das sie nun als absurd gelebt empfand.

Becki, George und Eleanor fuhren zum Flughafen, um sie zu verabschieden. Die letzte, die sie umarmte, sollte ihre Nichte Eleanor sein. Sie würden sich nie wieder sehen.

Es war Mai 1954, die Rassentrennung war in den Vereinigten Staaten gerade abgeschafft worden.

59

Der Wohlstand und die übermäßige Arbeit, um diesen zu erreichen, rüttelten an der Ehe Troadec. Adrian kümmerte sich in den ersten Monaten darum, den Bestellungen, die er mit den Amerikanern vereinbart hatte, nachzukommen. Er musste die Fabrik zum Laufen bringen: die Rohstoffe bekommen, sie verarbeiten und die Schokolade bis zur französischen Grenze transportieren. Nichts davon existierte, alles musste er selber schaffen. Und als Adrian sah, dass er es geschafft hatte, so ein großes Unternehmensprojekt aufzubauen und zum Laufen zu bringen, das mehr als vierzig Personen und ihre Familien darin involvierte, das ihnen eine Beschäftigung und Geld gab und das zu ihrem Glück beitrug, fühlte er sich gut. Konstruieren, Schaffen, dies brachte ihm die größte Freude seines Lebens. Und da verstand er, warum seine Frau, Elena, begann sich minderwertig zu fühlen.

Fünf Jahre nach ihrer Heirat war es Elena nicht gelungen schwanger zu werden. Sie fühlte sich ausgetrocknet, nutzlos. Weit entfernt von ihrem Ehemann wegen seiner Arbeit, weit entfernt von ihrer Familie wegen der Distanz und weit entfernt vom Leben wegen ihrer Unfruchtbarkeit. Ihre Mutter, dachte sie, ihre aufstrebende Mutter, intellektuell und rebellisch wie sie war, würde maßlos enttäuscht sein, sie wegen einer so wenig spirituellen Angelegenheit so niedergeschlagen zu sehen. Aber sie konnte es nicht verhindern.

60

Elena Petroncini spielte ohne große Erwartungen weiterhin im Orchester des mittlerweile alten Dirigenten Lajos Trapolyi und bediente morgens in der *Petite Chocolaterie*. Der ständige Kontakt mit der Schokolade machte sie süchtig. Es gab etliche Male, in denen sie damit begann, eine einzige Praline von einem Tablett zu probieren und nicht aufhören konnte zu essen, bis es aufgebraucht war. Die Schokolade stimulierte sie, sie hob ihr Gemüt. Sie mochte das Gefühl der cremigen Struktur in ihrem Mund, ihr süßer Geschmack, ihr Aroma. Jedoch danach überkam sie ein schmerzlicher Zustand schlechten Gewissens, der sie dazu brachte, sie zu hassen. Nachts ertappte sie sich mit dem Verlangen nach ihr, das sie vom Bett aufstehen ließ, um sich noch mehr zu holen, eine Schachtel zu nehmen und sie auf einmal aufzuessen. Dann übergab sie sich unentwegt und fühlte sich noch schlechter. Die Tage, an denen sie sich vornahm, der Versuchung nicht zu erliegen, litt sie an Kopfschmerzen, ungeheurer Erschöpfung und großer Müdigkeit.

Sie brachte ihre Sucht nach Schokolade nicht mit ihrem apathischen Zustand in Verbindung, bis ihr Arzt sie zu einem Spezialisten für Verhaltensstörungen schickte, Namens Helmut Löffler.

61

Helmut Löffler war ein aufsteigender Psychiater jüdischer Herkunft aus der in Mode gekommenen Wiener Schule Sigmund Freuds, in seinen Vierzigern und Musikliebhaber, der begann Elena Petroncini zu behandeln und als ihr Vertrauter und Liebhaber endete. Helmut Löffler begann damit, Elenas persönliche Geschichte zu analysieren und zwar in Sitzungen ruhiger Gespräche über ihre Kindheit, die ihr sehr gut taten. Und nach einigen Monaten diagnostizierte er eine Neurose, die auf Neid zurückzuführen war, den die intellektuelle Welt in ihr hervorrief, in die sich ihre Mutter während Elenas Kindheit begeben hatte, und was sie nun, durch ihren emanzipierten Akt, ihr Land und ihr Leben für ihre eigenen Illusionen hinter sich zu lassen, in gewissem Sinne wieder erlebte.

Elena hatte keine Gewissheit, dass das der Wahrheit entsprach, aber es gefiel ihr, dass ihr jemand zuhörte, auch wenn sie zahlen musste.

Helmut Löffler begann ihr Kokain zu verabreichen, um die Unterdrückungen aus ihrer Kindheit zu enthemmen, um ihre Fressattacken zu stillen und um ihre sexuellen Gefälligkeiten zu bekommen.

Elena Petroncini wurde eines Morgens im Dezember 1949 im Genfer See ertrunken aufgefunden. Sie war 29 Jahre alt.

Die Autopsie ergab, dass Elena Petroncini nur drei Wochen zuvor von Doktor Löffler geschwängert worden war.

An diesen Tagen flohen Tausende Deutsche aus

dem Osten nach Westdeutschland. In den Vereinigten Staaten sang Gene Kelly in den großen Kinos der Hauptstadt *New York, New York*.

62

Der Selbstmord Elena Petroncinis machte Adrian Troadec wieder zunichte, wie in den vergangenen Monaten nach dem Überfall auf die Kaserne von Kreuzlingen. Er fühlte sich wieder einmal auf Grund von Unterlassung für das, was geschehen war, verantwortlich. „Nun – dachte er – war er wirklich allein. Und für immer."

Dass er an seine Einsamkeit dachte und nicht an den Schmerz, den seine Abwesenheit ihr bereitet hatte, ließ ihn noch elender fühlen.

63

Fünf Jahre später trat Alma Trap an den Eingang ihres alten Hauses in Lausanne. Es war ein leuchtender Mai und die Tür stand offen. Sie ging bis ins Wohnzimmer hinein und sah ihren alten Vater und Adrian Schach spielen, so als wäre in den vergangenen dreiundzwanzig Jahren nichts passiert. Sie hoben den Blick vom Spielbrett. Alle waren sich fremd. Lajos Trapolyi war 68 Jahre alt; Adrian, 50; und Alma, 48.

Alma war der innersten Überzeugung gewesen, dass ihr Vater gestorben war. Und trotzdem war er dort, stark und drahtig, so als wäre er voller übermenschlicher Energie. Adrian trug einen grauen Schnurrbart, der in keinster Weise sein früheres Gesicht veränderte. Alma hatte kurzes Haar mit nach oben gerundeten Spitzen und zwanzig Kilo mehr.

Die verstrichene Zeit, die sich in den drei Gesichtern widerspiegelte, zeigte jedem einzelnen ihren eigenen körperlichen Zerfall. Sie verstanden, dass jeder einzelne von ihnen so alt sein musste wie die Erschöpfung, die aus dem gegenüberliegenden Blick kam. Es war das Leben mit seinen Wunden, das sich auf diesem Bild zur Schau stellte.

Ungeachtet der Zeit und der Erschöpfung fühlten sich die drei überglücklich.

Alma dachte, wie einfach es war, glücklich zu sein, und wie schwer sie sich das Leben gemacht hatte.

64

Alma und Adrian spazierten am Ufer des Sees. Sie fassten ihr Leben in nur wenigen Minuten zusammen. Alma sprach von Mel, von Rebecca, von George, vom Krieg und von Eleanor. Adrian erzählte ihr von Lajos, vom Krieg und von Elena. In nur wenigen Minuten vernahmen sie den ganzen Schmerz, den jeder von ihnen durchgemacht hatte. Adrian, der schließlich von all seinen mittel- und langfristigen Eroberungsstrategien erschöpft war und sich von der Bedrängnis der Zeit angetrieben fühlte, denn sie entwischte ihm schon zwischen den Fingern, schaute ihr in die Augen und sagte:
– Alma, ich habe dich immer geliebt.
– Ich habe es immer gewusst – antwortete sie.
Und in einem Akt der Hingabe, eines endgültigen Nachgebens, einer Abkehr von ihren lang ersehnten Träumen, nahm Alma Adrians Hände in ihre und schaute ihn an. Sowohl Adrian als auch Alma fühlten, als würden sie dreißig Jahre zusammen leben, als wären sie ein altes Ehepaar, das ihre Hände ineinander verflechtet, eine einfache Geste der Zuneigung nach all den Jahren. So fest war ihre Liebe in dem Herzen von jedem einzelnen von ihnen.

65

Alma war gerade rechtzeitig nach Lausanne gekommen, um dem letzten Konzert ihres Vaters, Lajos, an der Spitze des Konservatoriumorchesters, das er 35 Jahre lang dirigiert hatte, beizuwohnen. Lajos hatte schon immer davon geträumt, eine leitende Stelle bei einem der großen Orchester der Umgebung zu bekommen: die Genfer Suisse Romande, das Orchester der Mailänder Scala oder der Wiener Philharmoniker. Und obwohl es ihm gelang das Orchster des Kursaals Montreux und das französische Suisse Romande, das Ernest Ansermet in seinem Sitz in Lausanne gegründet hatte, sporadisch zu dirigieren, würde er niemals eine feste leitende Stelle angeboten bekommen. Nichtsdestotrotz erfüllte ihn seine Arbeit mit den jungen Talenten auf eine Art, die die großen Orchester ihm nicht bieten konnten: nämlich mit Musikern zu arbeiten, die noch Träume hatten.

Und auch wenn er das große symphonische Repertoire nicht in seiner Gesamtheit umfassen konnte, kam er zu vielen der großen Werke, von denen jeder Dirigent schon einmal geträumt hat: er ergötzte sich an Bach und dirigierte sein *Maginificat*, seine *H-Moll-Messe* und seine *Matthäus-Passion*, er bebte bei Mozarts *Requiem*, er schlug die Luft bei Beethoven und seiner *Fünften Symphonie* und er liebkoste den Klang bei Farés *Requiem*. Ihm blieb der Traum, Brahms *Deutsches Requiem* zu dirigieren, das er für seinen Abschied wählte, denn dies war das *Deutsche Requiem*, ein süßer und friedlicher

Abschied, eine arglose Hingabe an eine Verwandlung, für die der Tod nichts weiter als ein absurdes Tor war, das man ohne Angst, jedoch mit Nostalgie flankieren musste.

Lajos dirigierte auf einem hohen Hocker sitzend. Seine dünnen Arme schienen sich wie der gemächliche Flug einer Möwe zu bewegen, für einen Moment schien die Musik nicht aus ihm heraus zu kommen, sondern er selbst schien die Musik zu sein.

Lajos Trapolyi starb, ohne eine besondere Krankheit, drei Tage nach seinem Abschied von der Bühne.

Wenn er nicht dirigieren konnte, hatte es keinen Sinn weiterzuleben.

66

Alma begann sich im Haus ihres Vaters, im Haus ihrer Kindheit, einsam und fremd zu fühlen. Lajos hatte sich nach und nach sein eigenes Nest gebaut, das persönlich, einmalig und unübertragbar war. Das ganze Haus sprach von Konzerten, Musik, Literatur und Schach. Das ganze Haus sprach von kleinen Marotten, geheimen Plätzen mit einem eigenen Nutzen für etwas Bestimmtes, es sprach von der Ordnung, die ein Mann, der es gewohnt war zu führen und zu kreieren, seiner Umgebung auferlegt hatte. Es sprach von ihm, nur von ihm. Es war das große Lajos-Mausoleum. Und wenn sie zwischen seinen Sachen lief, seinem Schachbrett mit zwei gegenüberliegenden Ohrensesseln, seinem alten schwarzen Flügel, seinen Bildern, seinen eingerahmten Plakaten seiner Konzerte, seinen Fotos großer Interpreten oder seiner Freunde, seinem Bücherregal aus schwerem Nussbaum, spürte Alma, dass sie durch das Lajos-Museum von Lausanne lief.

Es bot sich ihr die Möglichkeit, zu Adrian zu ziehen und bei einem ihrer Besuche, schätzte sie seine Gefühle ein. Adrian bemerkte an diesem Abend einen anderen Blick, bewertend, musternd, prüfend. Adrians Haus war groß aber schlicht, ein schönes Schweizer Häuschen mit Blick auf den Genfer See, mit Garten und Blumen, aber sein Inneres kombinierte die Ordnung eines Schachspielers, die Vollständigkeit eines reichen Unternehmers und den femininen Hauch einer Frau, die es sich bis ins kleinste Detail nach ihren Wünschen eingerichtet hatte. Im

Wohnzimmer, auf der gegenüberliegenden Seite des Schachtisches, ein hoher Notenständer vor einem Spiegel und auf einem kleinen Tisch eine Violine von einem leichten Tuch bedeckt. Alma konnte das Gefühl der Eifersucht nicht vermeiden. Jene Violine anzuschauen war wie die Seele von jemandem anzuschauen, der diesen Ort noch nicht verlassen hatte.

„Niemals könnte ich hier leben," sagte sie sich.

67

Und Adrian fiel es auf. Adrian verstand, dass alles eine Entweihung war, dass die Orte nicht neutral sind, dass sie den Eingriff von Fremdkörpern nicht erlauben, dass sich die Räume ihren Bewohnern anpassen und dass jede Veränderung, die sie vornehmen würde, wie ein Knall mitten in einer stillen Symphonie von Mozart wäre.

Adrian betrachtete sein Bett, das Ehebett, das große Bett am großen Fenster, aus dem man den Mont Blanc sehen konnte und den Genfer See mit seinem Morgennebel, das Bett, das von einer anderen Frau gewesen war; das Bett, das von einer anderen Liebe gewesen war. „Niemals wird sie hier leben können," sagte er sich.

Und ohne weiter zu überlegen schoss es aus ihm heraus: „Lass uns unser eigenes Haus bauen."

Am Sonntag, den 17. April 1955 heirateten Alma Trapolyi und Adrian Troadec und sie zogen in ihr neues Haus. Sie nannten es „Die verlorenen Jahre".

Am folgenden Tag würde Albert Einstein in Princeton, USA sterben. Marilyn Monroe hatte gerade *Das verflixte 7. Jahr* gedreht.

Die Violine aus dem alten Hause Tim aus Wien wurde in ihrem Kasten im Keller des neuen Hauses aufbewahrt. Oben überströmte nun der schwere Klang des Cellos alle Zimmer.

68

Alma Trap schrieb der jungen Eleanor Trap einen süßen Brief, in dem sie ihr sagte, dass sie Adrian Troadec geheiratet hätte und dass sie nun endlich glücklich wäre.

„Wenn du älter bist, musst du kommen, um dieses Land, das Land deiner Eltern, das schönste Land der Welt, und meinen geliebten Ehemann, Adrian, kennenzulernen" schrieb sie ihr.

Alma Trap fühlte sich gut, nachdem sie diesen Brief geschrieben hatte, sie stellte sich vor, dass sie ihn an ihre geliebte Tochter richtete, die weit weg wohnte. Sie nahm ihr Fahrrad und fuhr zum Postamt runter. Nachdem sie den Brief bei der Post eingeworfen hatte, hatte Alma Trap einen Unfall mit ihrem Fahrrad und starb auf der Stelle an einem kräftigen Schlag am Kopf.

Fast einen Monat später, als Rebecca, George und Eleanor ihren Brief erhielten, feierten sie ihre Hochzeit mit Champagner, sie lachten und umarmten sich. Zu dieser Zeit lag Alma bereits fünfundzwanzig Tage unter der Erde.

69

Adrian dachte an Selbstmord. Nicht wie an eine blutige Tat, auch nicht wie an einen rachsüchtigen und trostlosen Angriff gegen das Leben, sondern wie an ein einfaches Abschalten, ein sofortiges Aufhören, ein Ende der Freude und des Kummers, eine Himmelfahrt, von denen er zu Genüge gesehen hatte, die er zu Genüge erlebt hatte. Jedoch auf Almas Beerdigung, als er alle Mitarbeiter seiner Fabrik anwesend sah, Mitarbeiter, mit denen er ein Projekt auf die Beine gestellt hatte, das sie vereint und ihnen über so viele Jahre hinweg Leben gegeben hatte, Menschen, mit denen er ein Dasein geschaffen hatte, merkte er, dass Alma, im Gegensatz zu ihnen, die für die Realität standen, nichts weiter als ein Produkt seiner Phantasie gewesen war, mit dem er an Regentagen seine Sehnsüchte füllen konnte, ein Balsam, ein Betäubungsmittel gegen die Einsamkeit. Und wieder weinte er, weil er sich der Einsamkeit bewusst war. Allein und ohne Hoffnung auf Gesellschaft.

Dann, als er sich daran erinnerte, dass nach dem Tod seiner Freunde Elena gekommen war und dass nach dem Tod von Elena Alma gekommen war, dachte er, dass ihm noch neue Dinge passieren könnten, die sein Leben mit Sinn füllten. Und aus Neugier und nur aus Neugier entschied er weiterzuleben.

70

Eleanor Trap war 15 Jahre alt, als ihr Vater einen Brief von Adrian Troadec bekam, in dem er ihm schrieb, dass Alma gestorben war.

Eleanor Trap weinte nicht, weil es fast zwei Jahre her war, dass sie sie nicht mehr gesehen hatte. Und zwei Jahre waren für die junge Eleanor Trap eine lange Zeit. Was sie beschäftigte, war nur der Gedanke, dass sie nun keine Ausrede mehr hätte, um nach Europa zu reisen, wenn sie erwachsen wäre.

Rebecca hingegen weinte. Sie weinte viel. Ihre Freundin war gestorben, ihre Freundin Alma Trap.

George Trap verschloss sich in ein langes Schweigen, das mehrere Tage anhielt. Er schämte sich, dass er es nicht schaffte, wie seine Frau traurig zu sein und zu weinen, dass er für diesen fernen Tod keinen Schmerz empfand. Er spürte nur Angst. Angst das Leben so plötzlich zu verlieren, Angst vor der Erkenntnis, dass sein Leben auch enden musste, so wie ihres, dass es nicht mehr die Älteren waren, die starben, dass nun sie an der Reihe waren.

Eleanor, von einem kindlichen Plan getrieben, wollte sich nicht die Möglichkeit zu reisen entgehen lassen und entschied sich ihrem Onkel Adrian, Adrian Troadec, zu schreiben.

Beim Schreiben begann sie ihm zu erzählen, und zwar nur aus eigennütziger Schmeichelei, wie viel sie ihr in ihrem Leben bedeutet hatte. Und da realisierte sie es. Sie realisierte, dass sie ihre eigentliche Mutter gewesen war, ihre großartige Freundin, ihr Vorbild, die Person, die sie dazu gebracht hatte, an sich selbst zu glauben. Und da weinte sie doch. Ihre Tränen flossen aufs Papier und sie beendete den Brief mit den Worten: „Geliebter Onkel, ich begann mit diesem Brief, nur damit du erfährst, dass ich existiere und damit du mich eines Tages einlädst, Europa zu besuchen, aber beim Schreiben über Tante Alma, ist mir bewusst geworden, dass ich ein egoistisches Mädchen bin, das niemals innegehalten hat, um darüber nachzudenken, was die Anderen für sie getan haben. Verzeih mir. Jetzt weiß ich, dass ich Tante Alma sehr geliebt habe und ich verstehe deinen Schmerz besser. Schreib mir."

71

„Schreib mir," waren die letzten Worte im Brief von Eleanor Trap, den sie ihrem Onkel Adrian Troadec schrieb. Und Adrian begann ihr zu schreiben und er hörte nie wieder damit auf, bis sie kam.

Eleanor fing damit an, ihm zu schreiben, dass sie sich mit jedem Tag ihren Eltern mehr entfremdete, dass sie weder sie noch noch ihre Welt verstanden. Die Lieder, die ihre Eltern sangen und spielten, fand sie veraltet und fade. Nun sang und tanzte sie im neuen Stil, den Rock&Roll, sie kleidete sich auf eine Art, die ihre Eltern empörte und ging ständig auf Partys, die sie missbilligten. Sie erzählten ihr von vergangenen Zeiten, von den Schwierigkeiten des Lebens, vom Krieg, von den wegen Mangel an Planung kaputten Träumen. Sie wollte nichts von der Vergangenheit wissen. Sie wollte nur Spaß haben.

Und Adrian wusste nie, was er antworten sollte, er war nie Vater gewesen, er hatte nie eine Zeit der Anpassung durchlebt, um die fünfzehnjährigen jungen Mädchen kennenzulernen, und er verstand, dass die Welt in den siegreichen Vereinigten Staaten ganz anders als seine beschauliche Schweiz sein musste, in der er geboren war.

Zuerst entschied er sich, weder mit Ratschlägen noch mit irgendwelchen Vorwürfen auf ihre Aufsässigkeit zu antworten. Adrian schrieb bukolische Briefe, in denen er sein Land und seine Landschaften beschrieb. Eleanor begann diesen Briefen nicht allzu viel Wichtigkeit beizumessen, obwohl es ihr Freude bereitete, sie auf ihren Namen aus Europa zu erhalten. Sie zeigte sie ihren Freundinnen und manchmal erdichtete sie darin einen europäischen Verehrer, der ihr schrieb.

Jedoch was für beide eine banale Schreibübung war, begann sich in etwas Wichtigeres zu verwandeln.

72

Eleanor ließ sich nach und nach vom Schreiben einnehmen. Nicht einfach nur Briefe, sondern ihr Tagebuch war es, das sie einem Fremden schickte. Das Schreiben begann ihr Vergnügen zu bereiten, ein intimes und stilles Vergnügen, eine Zurückgezogenheit, in der sie sich allein mit sich selbst befand und das ihr einen Frieden bot, den sie bis dahin nicht gekannt hatte. Adrian begann eine mythische Figur für sie zu sein, ein reifer und einsamer Mann, der sie anhörte, irgendwo zwischen einem verständnisvollem Vater und einem idealen Freund. Sie phantasierte und schrieb ihm stundenlang mit der Schrift eines verrückten Mädchens und mit den Rechtschreibfehlern einer Jugendlichen und erzählte ihm sogar das kleinste Detail von ihren kleinen Abenteuern, von den Auseinandersetzungen mit ihren Freundinnen, von den Jungen, die ihr gefielen und von ihrer Unsicherheit auf Grund ihres leichten Hinkens. Jetzt bemerkte sie jedoch, dass all das Lesen aus ihrer Kindheit, jenes, das von ihrer Tante Alma angeregt wurde, ihr eine gewisse Leichtigkeit beim Ausarbeiten und Aufschreiben von Ideen verlieh, was ihr Vergnügen daran verstärkte.

Adrian begann zu verstehen, was geschah. Und er unterstützte es. Er unterstützte es, weil er wusste, dass Eleanor beim Schreiben nachdachte. Und das war gut. Und er unterstützte es, weil er anfing die tatsächliche Möglichkeit zu planen, dass sie in die Schweiz käme, in seinem Haus wohne, allein oder mit Familie, und ihm Gesellschaft im Alter leisten würde. Es war wieder einmal ein langfristiger Plan. Wie die Pläne, die Adrian Troadec gerne vorbereitete.

73

Jedoch am 26. September 1957 schrieb Eleanor einen Brief an ihren Onkel Adrian und erzählte ihm, dass sie sich das Leben nehmen würde. In einer heftigen Auseinandersetzung mit ihrem Vater, der gegen ihr ständiges Ausgehen zu Tänzen und Partys war, sagte er ihr, dass es ihm egal sei, was sie mache, weil er letztendlich nicht ihr Vater war. Eleanor spürte, wie man ihr den Boden unter den Füßen wegzog. George war sehr wichtig für sie gewesen, er hatte sie geliebt und hatte sich um ihre Erziehung gekümmert und sie trug seinen Familiennamen und ihre Mutter kam ihr nun wie eine verlogene und falsche Schlange vor. Wenn die Familie ein erfundenes Theaterschauspiel gewesen war, eine große Lüge, was konnte denn dann die Welt sein, fragte sich Eleanor.

Es war Donnerstag. Der 26. September 1957 war ein Donnerstag. Eleanor schrieb den Brief zu Ende, verschloss ihn und brachte ihn zum Postamt von Georgetown. Als sie dort ankam, lief sie weiter in Richtung des Flusses Potomac, nur zwei Straßen weiter unten. Sie ging bei einem langen Spaziergang am Ufer entlang und schließlich kam sie zur Lincoln Bridge, von wo aus sie das Flussbett betrachtete, das ihr letztes Lager sein sollte.

In dieser Nacht führte Leonard Bernstein in New York zum ersten Mal *West Side Story* auf.

74

Als Adrian Troadec fast einen Monat später diesen Brief erhielt, hatte er die absolute Gewissheit, dass sie bald zu ihm kommen würde. Er wusste, dass solange Onkel Adrian und ihr Traum, nach Europa zu reisen, existierten, sie sich nicht umbringen würde. „Der Selbstmord – dachte er – ist nur der letzte Ausweg, wenn es sonst keinen anderen Weg zu entkommen gibt." Aber diesmal gab es einen, der Ausweg war es, durch eine Reise zu entkommen. Der Ausweg war er.

Und er irrte sich nicht. Nur zwei Tage später erreichte ihn ein weiterer Brief von Eleanor, in dem sie sich für den gewaltigen Schrecken, den sie ihm bereitet haben musste, entschuldigte. Sie erzählte ihm, dass sie zum Postamt gelaufen war, um den Brief zurückzuholen, damit er ihn nicht erreichte, als sie sich entschied, ihrem Leben kein Ende zu setzen, sondern ein neues an seiner Seite in Europa zu beginnen, wenn er es ihr denn erlauben würde, aber es war unmöglich, ihn zurückzubekommen. Sie hätte beim Gedanken an seine Verzweiflung Nächte voller Qualen durchlebt und sie hätte sich furchtbar schuldig gefühlt.

Adrian Troadec las den Brief und lächelte.

75

In diesem Monat entschied sich Eleanor von zu Hause auszuziehen und zu arbeiten. Es blieb ihr nur noch ein Jahr, um auf die Universität zu gehen und sie war es Leid, war ungeduldig ihrem Leben eine Wendung zu geben, begierig darauf, neue Welten kennenzulernen, ihre eigenen Entscheidungen zu treffen, ihren eigenen Lebensraum zu haben, weit weg von der falschen egoistischen Warmherzigkeit ihrer Mutter und der autistischen Wohnung eines Mannes, von dem sie nun wusste, dass er nicht ihr Vater war. Die Situation hatte sich zu Hause sehr verschlechtert, es gab wegen ihr Geschrei zwischen Rebecca und George: Rebecca warf George vor, dass er es ihr erzählt hatte, und George sagte, dass er von einem Mädchen, das wie ihre Mutter als Hure enden würde, genug hatte. Alles war zerrüttet. Eleanor packte ein paar Sachen in ihren Koffer und eines Nachts ging sie weg.

Aber sie konnte nirgendwohin. Mit dem wenigen Geld, das sie zur Verfügung hatte, ging sie in eine Pension in der Gegend von Virginia, nachdem sie den Potomac überquert hatte. Und in den nächsten Tagen besuchte sie als hübsches Fräulein verkleidet die Büros im Zentrum von Washington und suchte Arbeit als Sekretärin, die ihr niemand gab. Da verstand sie, dass sie den Voraussetzungen nicht genügte und dass sie nur niedere, anstrengende und schlecht bezahlte Tätigkeiten ausführen könnte. Ihr Stolz aber hielt sie davon ab, nach Hause zurückzukehren. Nachts schrieb sie ihrem Onkel Adrian und erzählte ihm von ihrem Abenteuer und erst dann fand sie, dass alles, was sie tat, einen Sinn bekam. Aber am Tag verschlechterte sich die Lage und nach einem ganzen Tag auf der Straße war sie völlig ausgelaugt.

Währenddessen suchten sie ihre Eltern verzweifelt.

76

Nach mehr als einer Woche fand Eleanor eine Arbeit in *The Red Peacock*, eine Kneipe in der Umgebung, geführt von Betty Valoff, eine Frau in ihren Fünfzigern, die vom Leben und von der Arbeit ausgebrannt war. Dort bediente sie am Tisch, aber sie bereitete auch Sandwichs und Hamburger zu.

Eleanor musste es ertragen, sich zum ersten Mal in ihrem Leben die Hände mit Essen und Resten zu beschmutzen; sie musste es ertragen, dass am Ende des Tages ihre Kleidung, ihre Haare und ihr Körper nach schmierigem Fett rochen; und sie musste die Scherze der Lastwagenfahrer und ihre ständigen Anspielungen auf ihr Humpeln und ihren hinkenden Hintern ertragen.

Betty Valoff ließ sie eines Tages eine Pute rupfen, die sie kurz vorher ohne das geringste Mitleid vor ihren Augen geköpft hatte. Die Pute war noch warm und sie musste fest an ihren Federn ziehen, um sie ihr herauszureißen. Das war das Unangenehmste, was sie in ihrem Leben getan hatte. Am Abend tischte ihr Betty Valoff einen Puteneintopf auf. Während sie aß, konnte sie die borstige Haut der Pute sehen, die Haut, von der sie selbst einige Stunden zuvor die Federn herausgerissen hatte. Sie wollte sich übergeben.

Am nächsten Tag ging sie nicht zur Arbeit.

Eleanor schrieb wieder an Adrian und plötzlich verstand sie, dass während für sie drei Wochen voller Entsetzen vergangen waren, Adrian Troadec nicht einmal den Brief mit dem Selbstmord erhalten hätte. Sie fand es lustig, über das Ungleichgewicht zwischen Zeit und Raum nachzudenken. Und sie lächelte.

77

Eleanor Trap kehrte nach Hause zurück. Sie umarmte ihren Vater und sagte ihm, dass sie ihn liebte und dass er vor allem und vor allen ihr Vater war. Sie umarmte ihre Mutter und bat sie um Verzeihung. Sie absolvierte ihr letztes Jahr an ihrer High School und wie alle ihre Mitschülerinnen erhielt sie ihren Abschluss auf einer prächtigen protokollarischen Zeremonie, die ihre Eltern zu Tränen rührte.

Einige Zeit später fuhr sie zusammen mit einigen Freundinnen vor *The Red Peacock*, das ihr viel lumpiger erschien und sie sagte:

– Dort habe ich gearbeitet.

– Das glaube ich nicht – erwiderte eine ihrer Freundinnen.

Eleanor Trap würde schließlich niemals erfahren, dass George, ihr Vater, den Laden, in dem sie arbeitete, aufgespürt hatte und Betty Valoff 20 Dollar gezahlt hatte, damit diese sie den Test mit der Pute machen ließ. Er wusste, dass sie diesen Test niemals bestehen würde.

Betty Valoff verdiente sich die 20 Dollar und sie ersparte sich den Wochenlohn und die Arbeit, sie entlassen zu müssen, weil sie fand, dass sie ein verzogenes Mädchen war, das sie nicht länger ertragen wollte.

78

Eleanor Trap schrieb sich an der American University ein, um englische Literaturwissenschaft zu studieren. Nun wurde ihr bewusst, dass dies ihr Traum war, seitdem sie Gefallen daran gefunden hatte, mit ihrer Tante Alma zu lesen. An jedem Tag, der verging, verstand sie immer mehr, wie sehr es sie beeinflusst hatte.

Der Aufenthalt an der Uni begann lehrreich und unterhaltsam zu sein. Sie verbrachte Stunden in einer Ecke des dritten Stockwerks der Zentralbibliothek und verschlang Autoren, Geschichten, Leidenschaften, Gedanken und Träume. Gegen Abend ging sie nach Hause, durch dir süßen Pfade, die mit hundertjährigen Bäumen gesäumt waren, die beim Vorbeigehen die Landschaft färbten. Sie ging an der jüdischen Synagoge vorbei, sah die Hunde mit ihren Herrchen in den grünen Vorgärten herumspielen, sie wackelte mit den Hüften, als sie vor der University of Georgetown lief, sie kam bis hin zur Levine School, an der ihr Vater arbeitete und bog links ab und kam nach Hause.

Ihr Leben, wurde ihr jetzt deutlich, war süß und unproblematisch. Etwas wie Glückseligkeit.

79

Im zweiten Jahr kam sie jedoch in den Kurs von Professor Richard Kearns, der ihnen sagte, dass sie alles erreichen könnten, was sie sich im Leben vornahmen, dass die Beständigkeit die Mutter des Erfolgs sei und dass das Scheitern nicht existierte, wenn sie niemals aufgeben würden, es zu versuchen. Richard Kearns wusste, dass seine Studenten davon träumten, Schriftsteller zu sein und dass die Fakultät ihre Träume zunichte machen würde. Richard Kearns übertrug Optimismus, Sicherheit, Glauben auf sie und so verliebte sich Eleanor Trap zwangsläufig in ihn.

Dieses Abenteuer würde sie in die Welt der Liebe einführen und in das Leid, von dem man nie mehr herauskommt.

80

Die Aufnahme der Beziehung mit Professor Richard Kearns beanspruchte mehr als fünf Monate. Im Februar 1960 gelang es Eleanor Trap, dass ihr Literaturprofessor sie zum ersten Mal anrief. Richard Kearns hielt sich nicht lang mit Umschweifungen auf, noch führte er akademische Ausreden an, um sie anzurufen:

– Eleanor – sagte er ihr –, ich denke, wir sollten die Höflichkeiten lassen, und wenn wir mehr Zeit gemeinsam verbringen möchten, sollten wir es ohne irgendwelche Bedenken tun.

Diese Offenheit verzauberte Eleanor. Er war nicht wie alle prüden Kommilitonen ihrer Fakultät, die jede Menge Unsinn sagten, bevor sie ihre Absichten vorbrachten. Sie verabredete sich mit ihm und er lud sie zu sich nach Hause ein. Richard Kearns wusste, dass dies das größte aller Tabus war: in die Wohnung eines alleinstehenden Mannes hochzugehen, und gerade deshalb wollte er damit beginnen: mit einem Bruch und einer Entmythisierung. Sie musste sehen, wer er war, schlicht und klar von Anfang an. Sie stieg ein wenig verängstigt hoch, aber sie verstand in ihrem tiefsten Inneren, dass es nicht so schnell laufen würde und dass ihr Literaturprofessor einer hinkenden Studentin nicht bei der ersten Verabredung, kaum dass sie da war, die Kleider vom Leib reißen würde.

Richard Kearns zeigte sich in der Küche ungeschickt – wie er war. Er wollte, dass sie sich wie in der Studentenwohnung von Freunden fühlte und einen großen Teil des Abends verbrachten sie in der Küche, dem Ort, wie er sagte, in dem er sich weniger angespannt und mehr wie bei der Familie fühlte, in Erinnerung an die Stunden mit seiner Mutter und seinen Geschwistern bei unendlichen Frühstücken und Abendessen. Richard Kearns wusste, dass, solange sie sich fern eines Sofas oder eines Betts befanden, sie sich entspannt und zwanglos fühlen würde. Beide wussten trotzdem, dass all dies nichts weiter als eine Strategie war, doch die Strategie erfüllte alle Paarungsrituale der intellektuell gehobenen Klasse.

Richard Kearns las ihr seine auserwählten Seiten seiner englischen Poesie vor: Tennyson, Wordsworth, sogar Kipling und Oscar Wild; um später bei seinen Landsleuten zu landen, Longfellow und schließlich Whitman, von dem er ihr vorlas:

Sei ruhig – sei heiter mit mir, Denn ich bin Walt Whitman, weitherzig und wollüstig wie die Natur.

So lange die Sonne dich nicht verleugnet, verleugne ich dich auch nicht.
Nicht eh' die Wellen sich weigern für dich zu glitzern, noch die Blätter sich weigern für dich zu rauschen, sollen meine Worte sich weigern, für dich zu glitzern und zu rauschen.

Mein Mädchen, wir verabreden ein Stelldichein, sei fröhlich! denn ich beauftrage dich, mich würdig zu empfangen.

Und befehle dir: sei geduldig und fertig bis ich komme.

Bis dahin grüße ich dich mit einem bedeutsamen Blick, damit du an mich denkst.

Und Richard Kearns schaute Eleanor Trap liebevoll an.

81

Richard Kearns sagte Eleanor Trap schließlich nie, wie der Titel dieses Gedichts lautete: „An eine Prostituierte".

82

Die folgenden Treffen zwischen Eleanor Trap und Richard Kearns waren vergnügt, ungezwungen, reizend und zärtlich.

Richard Kearns entfaltete einmal mehr sein komplettes Sortiment an Mitteln, um ein Mädchen zu erobern: nach der Auswahl der Lektüre, die Fotos aus der Kindheit (es gab keine Frau, die angesichts dieses pummeligen und kraftvollen kleinen Jungen nicht weich wurde); dann die Abenteuer mit seinen Schulfreunden, ein Ritual von liebevollen Bildern und eine Erinnerung an die noch nicht verlorene Jugend; sportliche Erfolge waren das nächste auf der Rangliste; ferne Reisen, der letzte Abschnitt in diesem Aufstieg zum Ruhm, und als Letztes ein Klaviergeschick als Höhepunkt.

Nach dieser Umseglung gab es keine Frau, die ihm widerstrebte.

Im April 1960 liebten sich Eleanor Trap und Richard Kearns zum ersten Mal. Für Eleanor war es das allererste Mal. Für den 41jährigen Professor Richard Kearns war es nur ein weiteres Mal, ein weiteres süßes und zärtliches Mal im Missgeschick seiner endlosen Liste vergeblicher Versuche in einer Partnerschaft glücklich zu werden.

Es war April 1960, Alfred Hitchcock drehte seinen Film *Psycho* zu Ende.

83

Danach kamen zwei Jahre stabiler Partnerschaft: Kameradschaft, Liebe, Sex, gemeinsame Freunde, Projekte. Richard Kearns nahm sie im Sommer 1961 auf eine Reise in die Bergregion des Vulkans Barú mit, eine Oase fortwährender frühlingshafter Temperaturen im Westen von Panama, in der Nähe von Costa Rica, in der Region von Chiriquí, einen Ort, an dem die hohen Führungskräfte des Panamakanals sich erholen und an dem sich Eleanor völlig glücklich fühlte. Dort lernte Richard Kearns jedoch Janet Gloriela Suárez Aráuz kennen, die Fremdenführerin, mit der er sie zum ersten Mal betrog.

Für Richard Kearns war Janet nur ein Abenteuer, aber der Geschmack dieses Vorfalls, der Gefallen an der Gefahr und die Lust an der Abwechslung hielten bei ihm Monate lang an.

Im März 1963, inmitten der Präsidentschaftszeit des jungen John Fitzgerald Kennedy, entschied Richard Kearns plötzlich, dass die Zeit gekommen war, eine Familie zu gründen und dafür war Eleanor zu jung. Die neue Professorin des Fachbereichs Literaturgeschichte, Josephin Schneider, war seine Auserwählte.

Eleanor Trap konnte nicht verstehen, warum die Menschen weiterlebten, wenn die Möglichkeit bestand, einen so tiefen Schmerz wie den des Liebeskummers zu erleiden.

Ihr Onkel Adrian Troadec antwortete ihr in einem Brief im Mai desselben Jahres, dass man aus

Feigheit weiterlebte. Und aus Neugier.

Sie verstand das nun endgültige Angebot und antwortete ihm, dass sie nach Europa kommen würde.

84

Als sie bei ihrer ersten großen Reise mit dem Flugzeug in der Schweiz ankam, übergab sie sich auf helvetischem Boden. Sie schwor sich, für den Rest ihres Lebens nicht noch einmal in der Luft zu reisen. Eleanor Trap hielt ihr Versprechen nicht.

Am Flughafen wartete Adrian Troadec auf sie. Er hatte einen ungeheuren Schnurrbart, dessen Enden gezwirbelt waren. Das war ihr erstes Bild von ihrem Onkel Adrian: ein ungeheurer, gezwirbelter Schnurrbart an einem großen und mächtigen Körper, verdeckt durch einen grünen Hut mit einer kleinen Feder.

Eleanor Trap verspürte Angst. Sie war zum ersten Mal allein. Sie war zum ersten Mal in einem fremden Land. Und sie war zum ersten Mal bei ihrem Onkel Adrian. Adrian Troadec.

85

Monate nach ihrer Ankunft in der Schweiz begann Eleanor Trap Englischunterricht in der École Normal de Lausanne zu erteilen und am Nachmittag half sie ihrem Onkel Adrian Troadec bei der Geschäftsführung seiner kleinen Schokoladenfabrik.

Innerhalb weniger Jahre realisierte sie, dass die Erwachsenenbildung nichts für sie war.

Sie schrieb weiterhin.

Es war das Jahr, in dem in den Vereinigten Staaten das Gesetz zum Wahlrecht für die Schwarzen verabschiedet wurde.

86

Unter ihren Schülern in der Schule war Hasim Tulú, ein junger Mathematiker mit melancholischem Antlitz, der aus Indien kam.

Nach einer langen Beziehung von sieben Jahren heirateten sie in der kleinen Kirche von Sainte Marthe in Aix-en-Provence, im selben Ort, in dem ihr Onkel Adrian Troadec die junge Elena Petroncini geheiratet hatte.

Es war im selben Jahr, in dem der Staat Bangladesch gegründet wurde.

87

In diesen Jahren der Beziehung gelang es ihm, Professor an der Universität Genf zu werden, und sie konnte sich dann einzig ihrem Schreiben widmen.

Als sie über ihr Leben schrieb, verstand sie, dass sie in die Vereinigten Staaten zurückkehren musste, um ihren biologischen Vater kennenzulernen.

88

Sechs Monate nach ihrer Hochzeit reiste sie wieder nach Washington. Es waren zehn Jahre vergangen.

Sie erschien vor ihrem alten Haus, in dem, wie sie glaubte, ihr Stiefvater George Trap weiterhin lebte. Als sie nähertrat, hörte sie das Klavier. Sie fühlte sich zu Hause.

89

George Trap empfing sie wie eine ehemalige Geliebte. Und er verriet ihr den Namen ihres Vaters: Joseph Ladd.

Eleanor reiste in den Westen, um Spuren ihres Vaters zu suchen.

Sie fand ihn in San Diego, in einem kleinen Haus am Meer. Er lebte mit einem mexikanischen Mädchen, viel jünger als Eleanor selbst.

Als er sah, wie sie sich hinkend näherte, wusste er, dass sie es war, seine Tochter. Doch er miss ihr nicht das geringste Interesse bei.

Er war zwei Mal verheiratet gewesen und hatte drei weitere Töchter.

90

Sie unterhielten sich. Er lud sie zum Abendessen ein. Er war ein perfekter Gentleman.
Nach diesem Tag sahen sie sich nicht wieder.
Eleanor kehrte zurück nach Genf.
Im Flugzeug weinte sie. Sie wusste, dass sie eines Tages über diese theatralischen Tränen im Flugzeug schreiben würde.

91

Als sie sich mit Hasim Tulú traf, sagte sie ihm:
– Ich möchte mit dir ein Kind haben. Jetzt.

92

Neun Monate später wurde Giuliani geboren. Es war das einzige Kind des Ehepaars Tulú-Trap.

Drei Jahre später wurde Adrian Troadec krank. Er war 69 Jahre alt. Eleanor musste die Schokoladenfabrik übernehmen. Eleanor würde den alten Namen von *Petit Chocolat Troadec* in *Grand Chocolat Trap* ändern. Adrian Troadec nahm diese Änderung mit gewisser Sehnsucht auf: der Familienname seiner Ehefrau überströmte wieder sein Leben.

93

Giuliani begann mit 8 Jahren Violine zu spielen. Und er tat es mit der alten Wiener Violine von 1770 aus dem alten Hause Tim. Die Violine, mit der seine Tante Elena Petroncini aus Albanien gereist war. Das Leben, die Liebe und die Musik webten sich in einem Kontinuum ohne Ende auf mysteriöser Weise ineinander.

94

Eleanor eröffnete Geschäfte in Paris und Lyon. Sie vergrößerte die Fabrik. Sie setzte sich eine hervorragende Gruppe von Betriebswirten an die Spitze. Ein Führungsbeirat, dem sie vertraute.

Es war 1981. Man fand Adrian Troadec leblos auf einer Bank vor dem See sitzend.

Ronald Reagan und Johannes Paul II wurden Opfer eines Attentats. In Madrid gab es einen Putsch, der keinen Erfolg hatte.

95

Giuliani war ein aufgeweckter und weltoffener Junge. Er wusste alle Kulturen, die sich in ihm fügten, in sich zu vereinen: die indische, die nordamerikanische und die europäische. Er war offen, lustig, intelligent. Musiker, halb Poet, halb Mathematiker; halb indisch, halb westlich; hoch vornehm und zugleich spontan. Die Mädchen vergötterten ihn. An der Universität begann er Philosophie zu studieren. Dort lernte er großartige Freunde kennen: junge Menschen, die sich für eine bessere Welt einsetzten.

96

Giuliani fragte seine Mutter nach ihrer Geschichte, nach der ihrer Familie. Sie versprach, sie eines Tages aufzuschreiben. Sie würde es nie tun.

Er spielte Violine, er las Sartre. Er interpretierte zum ersten Mal in der Schweiz das *Quartett für das Ende der Zeit* von Olivier Messiaen. Dann übernahm er das Orchester der Universität. Seine Mutter schaute ihn an und dachte an Onkel Adrian. Giuliani wurde krank.

Eleanor las ihm Geschichten vor, als wäre er ein kleiner Junge, wie es ihre Tante Alma getan hatte: „Alice war es allmählich leid, neben ihrer Schwester am Bachufer stillzusitzen und nichts zu tun."

Sie und ihr Sohn fühlten sich im Laufe der Krankheit sehr verbunden. Ihm fehlten Antikörper. Sie wussten nicht warum, aber sie fehlten ihm.

97

In ihrem Haus versammelten sich die Freunde um den Kranken herum. Sie spielten Klavier und sangen. Sie spielten Schach und dann sprachen sie davon, die Welt zu verändern. Mit ihnen kam eines Tages Karolina Barmuta, eine polnische Studentin aus seiner Universität. In ihren Händen trug sie eine kleine Schachtel Vollmilch- und Mandelpralinen Trap für ihren kranken Freund. Sie wusste nicht, dass sie aus der Fabrik seiner Familie waren. Alle lachten. Und Giuliani begann gesund zu werden. Im Juli 2001, bereits erholt, entschloss er sich mit Karolina und seinen Freunden nach Italien zu reisen.

98

Giuliani starb am 21. Juli 2001 mit 27 Jahren in Genua durch einen Polizeischuss im hitzigen Gefecht, das beim Gipfeltreffen der acht mächtigsten Industrieländer der Welt stattfand, als die Antiglobalisierungsbewegung noch glaubte, sie könnte die Welt verändern.

Das italienische Fernsehen war das erste, das das Bild eines auf dem Boden der Piazza Alimonda liegenden Jungen übertrug. Bei ihm weinte ein Mädchen mit kurzen Haaren. Seine Mutter konnte es in den Nachrichten des Schweizer Senders sehen, nur drei Stunden nachdem es geschehen war. Sie erkannte sie wieder.

99

Ich bin seine Mutter, Eleanor Trap. Und ich habe eine Frage: So viel Mühe, so viele Generationen im Kampf ums Überleben, so viel Liebe in einer Person kondensiert, damit die Macht kommt und so einen Familienstamm zunichtemacht?

100

Die alte Wiener Violine aus dem Hause Tim ruht verstummt in einem alten und geschmeidigen Tuch umhüllt.

Die Menschen essen weiterhin Trap Schokolade. Sie wissen nicht, dass ihr Geschmack aus Geschichte, Erinnerungen und Hoffnungen besteht.

Ich schaue von meinem Fenster aus auf den Genfer See. Fast niemand mehr spielt Schach.

Die Geschichte beruht auf wahren Begebenheiten.